청춘이 왕이다

젊은이들에게 전하는 **인생 · 맛 · 점 · 살기 · 조언**

청춘이 왕이다

지은이 이찬석

목차

서문

밤사이 내리는 비가 정신없이 달려온 내 인생의 메마른 장터를 적셔 주는 듯합니다.

나의 생애를 조국의 번영과 일류 문명을 만드는 데 일생을 바치겠다는 각오를 하고, 연구와 개발의 시간으로 빼곡하게 채워 왔습니다. 아직도 나의 능력이 부족함 때문인지 살아온 생애 곳곳에 미완의 연기가 솟아오르는 것을 느끼게 됩니다.

사회 공헌을 실천하는 인류 문명의 지도자가 되는 꿈을 실현하기 위해 바쁘게 달려오다 보니, 다가오는 미래 세대의 주인들에게 정작 들려주고 싶은 글은 얼마 되지 않은 것 같아서 아쉬운 마음이 들어 《청춘은 왕이다》라는 책을 출간하게 되었습니다.

　미래를 꿈꾸고 살아간다는 점에서 저와 여러분은 같은 길을 가고 있습니다. 더 나은 미래를 꿈꾸며 주어진 조건 속에서 최선을 다하며 살아가는 모습, 역시 같습니다. 그런 점에서 그대들과 나는 가슴 뜨거운 친구이며, 새 역사 쓰기의 동지입니다.

비디오 아트적인 문화가 아쉬운 것은 가까이하던 책을 우리 곁에서 멀리 떨어지게 했다는 점입니다. 책을 읽는 시간적인 여유를 잃게 되었다는 것은 진정한 친구를 가까이하지 못하는 결과와 다르지 않습니다. 생존의 안전과 번영을 위해 전문 분야의 책을 소화해야 하는 여러분들에게 장문의 글보다는 평소 철학을 담은 어록을 선물로 전하고자 마음을 먹었습니다.

사람의 운명을 바꾸는 것은 하나의 작은 동기라고 합니다. 그래서 오늘 제가 전하는 글을 여러분의 꿈이 좌초되어 넘어지는 일이 생겼을 때, 한 번쯤 가까이 두고 읽어 보면 지친 삶에 위로와 용기를 얻어 갈 수 있을 것이리라 생각합니다.

저의 글은 그동안의 생애를 격상시켜 주었고, 꿈을 이루게 하는 동기가 되어 주었으며, 현실에서 안주하지 않고 끊임없이 비상하는 친구가 되어 주었습니다. 제게 소중한 친구가 되고, 용기가 되어 준 친구가 여러분의 곁에 가서도 좋은 친구가 되기를 바라면서 이만 줄입니다.

저는 죽는 날까지 여러분의 친구이고, 위안의 등불이며, 이상을 논하는 벗이 될 것입니다. 그리고 저는 여러분이 그토록 여망하는 위대한 국가를 만들어 가는 데 앞장서는 선봉장이 되도록 각자의 분야에서 성장하기를 기도합니다.

2022년 5월
저자 **이찬석**

의협심도 상황을 봐야 하나?

사회적 의협심을 발휘해야 하는 문제와 종종 마주칠 때가 있습니다. 누군가 어두운 골목길에서 아우성을 치면서 살려 달라는 목소리가 들려오면, 우리는 자동으로 고개를 돌려 바라보게 됩니다.

그러나 요즘은 소리를 듣고도 몸을 던져 약자를 보호하기 위해 달려가는 사람들은 흔치 않습니다. 비명은 커지고 심지어는 폭행이 일어나더라도, 그냥 모른 척하고 지나가는 사람들이 많아졌습니다. 피해당하는 사람의 갈급한 눈동자가 자신의 눈동자에 와서 고속으로 부딪히면 목숨을 던져서 약자를 보호해야 하는데, 몸이 말을 듣지를 않고 무엇보다 피곤해지는 상황이 오면 자신도 모르게 피하게 됩니다.

이런 사건이 있었습니다. 폭행을 당하는 여자를 구하러 갔는데 상대가 자신에게 폭행하며 덤벼들었습니다. 이유는 왜 말리냐는 것입니다. 자신의 폭행이 완결되어 상대가 흠씬 맞아서 쓰러져야 하는데, 그만 불발이 된 것에 대해서 앙심을 품은 것이지요.

솔직히 젊은 혈기에 그냥 페이스를 내주고 "에라이, 때리려면 때려 봐라!" 할 사람 누가 있겠어요. 오는 주먹에 가는 주먹 있는 거 아니겠습니까? 그것도 인정이라면 인정이지요? 상대에게서 발진하여 날아오는 빠른 주먹을 살짝 피하면서 어퍼컷을 올리게 된 것입니다. 참 멋진 실례를 한 거지요.

1라운드는 끝나고 2라운드는 시민 정신을 발휘한 의로운 상대와 붙게 된 것입니다. 그날, 가해자에게 맞은 사람도 재수가 없는 사람이지만, 의협심이 강한 시민과 일전을 벌인 가해자도 재수가 없는 사람이지요. 2라운드는 경찰이 개입되었고, 한방에 아스팔트 그라운드에 누운 사람은 피해자가 되고, 시민을 구하기 위해서 몸을 던진 사람은 졸지에 가해자가 되었습니다. 정식 시합이었다면 KO 승으로서 관중의 박수를 힘껏 받았겠지요.

반전은 여기서 시작됩니다. 정말 이러면 안 되는 건데 이야기 끈을 풀었으니 계속 근무 서겠습니다. 남자가 KO 패를 당하고 곧이어 입술 사이로 선지가 튀어나오고, 아스팔트에 부딪힌 머리에서도 선지가 튀어나왔습니다. 해장국 한 그릇은 거뜬할 정도였죠. 제 말은 그 정도로 피가 많이 나왔다는 것입니다. 사발만 깨지지 않았어도 경찰이 쌍방으로 정리를 잘 했을 텐데!

묘한 반전이 벌어집니다. 그 광경을 지켜보던 피해 여성이 하는 말이, 한마디로 음식 썩은 말처럼 고약했고 엿장수가 찌그러진 냄비는 가져가고 엿을 주지 않고, 가 버리는 것 같은 당혹스러운 경우를 보이는 것이었습니다.

"야! 누가 너보고 말리라고 했어! 남녀가 싸울 수도 있는 거지. 너는 집에 가면 쌀독에 쌀이 넘치고, 밥해 먹지 않아도 저절로 밥해 주는 밥솥이라도 사다 났냐? 가던 길 그냥 가지, 왜 사람을 패는 거야, ○끼야! 이 사람이 얼마나 귀하게 자란 줄을 알아! 웬 ○신이 삽질한다고 오지랖은 넓어서, 거시○ 달고 다니느라 수고했을 텐데 일찍 집에 가서 ○이나 쉬게 하지, 왜 남의 일에 끼는 거야 ○발! 아저씨, 저 ○끼 처벌해 주세요!"

그사이 남자가 일어났어요. 한방의 충격에 아스팔트를 친구 삼고 선지를 쏟아서 정신이 없는 것이거나, 조상이 이완용 선생의 후손이거나 아무튼 피를 바닥에 뱉더니 소리를 지르는 겁니다.

"아저씨! 경찰 아저씨, 저 새끼가 말다툼 하고 있는 내 여자를 도와준다는 핑계로 말리는 척하더니 가슴을 만지면서 희롱했어요. 그리고 나를 이렇게! 자기야, 내 말이 틀려?"
"응. 맞아, 자기야! 자기 하는 말이 다 맞아."

용감한 시민은 그 뒤로 폭행범과 추행범이 되어 구치소에 수감 되어 살다가 집행유예로 나왔습니다. 이건 어디까지나 사실입니다. 요즘 사회의 윤리와 가치가 소주 두 병은 먹은 모양새입니다. 이런 경우 말고도 말리다가 이상하게 엮어서 고생한 사람들 적지 않습니다. 이거 길거리 다니면서 귀마개를 써야 하는 것은 아닌지 싶은 살벌한 요즘입니다.

상황이 이렇게 코미디같이 전개되는 게 요즘 세상의 민낯입니다.

윤리적으로 옳다고 믿는 것을 실천으로 옮기려는 사람들의 마음을 얼어붙게 할 만큼 도덕과 양심을 버리는 일을 너무나도 쉽게 하고 살아가는 사람들이 적지 않은 것 같습니다. 사정이 이러니 옆에서 아무리 소리를 지르면서 도와달라 해도 괜히 볼썽사나운 꼴을 당할까 봐 '백기사 같은 거 안 하고 말지.' 하는 마음이 절로 듭니다. 결국, 정말로 도움이 필요한 사람들은 도움을 받지 못하는 것이죠.

누가 누구를 탓할 수 없는 사회 현상 속에 놓인 우리. 그래도 의협심을 버리면 안 됩니다. 내 아내, 내 딸이 위험한 상황을 겪을 수 있으니까요.

소리를 지르면 같이 지르면서 뛰어가세요. 그리고 우리의 지팡이 경찰에게 연락하는 것이 최고로 현명한 방법입니다. 서두의 글이 좀 비속한 점이 없지 않으나, 있는 그대로 상황을 전개해 보았습니다.

나약함에서 벗어나자

　나약함이란, 어려운 장벽을 만나면 주저앉고 싶어 하는, 용기와는 반대되는 감정입니다. 누구나 이러한 마음을 먹고 살아는 가지만, 젊을 때는 되도록 무모한 용기가 필요하다는 말씀을 전합니다.

　장애물 선수가 장애물을 넘을 때는 그야말로 있는 힘껏 용을 쓰는 모습을 보게 됩니다. 한 개, 한 개의 구조물이 선수에게는 반드시 뛰어넘어야 하는 두터운 벽이며 장애물입니다. 멈추어서 망설이는 순간, 레이스에서 탈락이 되고 승리의 가능성은 멈추고 맙니다.

　인생도 장애물 경기도 다르지 않습니다. 선수는 선택한 이상 달려야 하고, 인생은 태어난 이상 앞으로 나아가야 합니다. 승리와 성공은 열정의 열매입니다.

　장애물 경기에서는 패자라 하고 인생의 경기는 실패라고 합니다. 장애물에서 이기는 사람은 승리자라고 하고 인생에서 승리하는 사람은 성공이라는 칭호를 받습니다. 약육강식의 논리가 지배하는 사회에서 당신이 선택한 것은 성공입니다. 장애물 경기에 출전하려면 무수한 연습을 해야 합니다.

그들이 연습하는 마음가짐은 세상에서 가장 빨리 장애물을 뛰어넘는 선수가 되겠다는 일념입니다. 연습과 비지땀 승리의 일념, 최고가 되겠다는 의지 그러한 것들이 모여서 투혼이 됩니다

땀을 흘리는 것을 당연시하고 연습은 마치 운명의 지도가 그렇게 그려진 사람 같이 매진합니다. 그는 가지고 있는 근력과 에너지를 모두 소진을 하는 일은 지속해서 반복합니다. 그렇다고 이토록 치열한 연습이 모두 승리의 월계관을 쓰도록 허용하지는 않습니다.

꼴찌가 되기도 하고 평생 삼등이 되는 사람이 많이 있습니다. 운동선수들이 일등을 하지 않으면 패배라고 생각을 합니다. 목표가 일등이었기 때문입니다. 스포츠 세계에서는 특히 이러한 인식이 깊이 깔려 있습니다. 시합에 탈락한 선수들이 중도에 빠져나와 선수 생활을 포기하고 방황을 하는 사람들이 얼마든지 있습니다.

꼴찌는 관중으로부터 박수를 받을지언정 자신이 자신에게 박수를 보내는 선수들은 없습니다. 선수는 자기 자신이 자신에게 박수를 받고 싶은 욕망이 있습니다. 그것은 자신이 자신에게 주는 인생에서 가장 값진 상아탑과 같은 뜨거운 선물이기 때문입니다.

운동선수들은 대개 자신의 목표가 미달이 되면 상당한 실망을 느껴 잠시나마 방황하는 시간을 갖게 됩니다. 물론 긍정적으로 받아들여 새롭게 시작하는 선수들이 많으나, 경기장의 관중들이 보내 주는 박수도 받지 못하고 자기 자신에게도 박수를 받지 못한 채 경기장을 빠져나올 때의 자괴감은 매우 큰 것이라고 봅니다.

사람들의 노력은 80% 이상은 허사가 되고 맙니다. 일등을 향한 고지 탈환은 그만큼 힘들고 험난한 길입니다. 일등이 되지 못해서 깊은 좌절감과 실의에 빠진 운동선수들은 많이 있습니다.

물론, 좌절과 실패를 제2의 성공적인 인생으로 바꾸어 놓은 사람들도 적지 않습니다. 대체로 운동선수들이 인생에서 실패한 사람들보다 방황은 길지 않습니다. 왜냐하면, 운동은 강인한 투지와 의지가 없이는 갈 수 없는 길이기 때문에, 운동선수들은 끈기와 오기가 내면에 응축되어 있어서 작은 일에는 무릎을 꿇지 않는 강인한 성품을 기른 덕분으로 파악되고 있습니다.

현재 운동선수에서 교수가 되어 제2의 인생을 값지게 살아가는 사람 중에 김재협이라는 선수가 있습니다. 김재협 선수는 잘 알다시피 올림픽 유도 종목에서 금메달을 목에 건 대한의 남아였습니다. 그는 누구보다 연습벌레였습니다. 빈틈을 허용하지 않는 그의 성격과 승부욕은 아무도 견주지 못할 정도로 강인하고 빛이 났습니다.

세계 일등이 목표였기에 연습을 실전처럼 소화해 내었습니다. 그는 그러한 연습과 투혼을 곁에 두고 한순간도 쉬지 않고 달린 결과, 세계 챔피언이라는 영광과 메달을 두 손에 쥐게 된 것이었지요. 그에게 쏟아진 수많은 찬사와 박수는 오래도록 이어졌습니다.

그러나 그는 은퇴 후 제2의 삶을 시작하면서 월계관 인생을 이어가지 못하고 수없이 많은 좌절을 맛보게 됩니다. 그는 유도 경기장에서는 최고였으나 인생이라는 경기장에서는 최고가 될 수 없었지요. 화려함 뒤에서 은

막의 제왕으로 군림하던 당시와 현실 속에서의 상반된 자신은 스스로 무력감에 젖게 했고 급기야 방황의 시간을 보내게 됩니다. '올림픽 금메달리스트'라는 타이틀은 현실에서는 아무런 의미가 없었던 것이지요.

그러자 올림픽에서 받은 월계관은 그에게 정신적인 압박으로 돌아왔습니다. 은퇴 후 지도자 생활을 하다 유도계에서 퇴출도 당했습니다. 재기를 위해 사업을 하면서 더 큰 실패를 경험합니다. 그는 계속해서 이어진 실패로 급기야 노숙 생활을 하다 종국에는 극단적 선택까지 했다고 합니다. 정말 화려한 부활이 있기 전에 지독한 추락이라고 생각합니다. 명암이 엇갈리는 반전의 상황을 보며 마치 한 편의 소설을 읽는 것 같은 느낌을 지울 수 없었습니다.

우리는 김재협 선수를 통해서 인생이라는 경기도 얼마나 많은 준비와 경험과 연습이 필요하다는 사실을 알게 합니다. 아침에도 유도, 저녁에도 유도, 온통 유도로 일관된 그의 멋진 인생 달리기는 고지를 탈환하기 위해서 열심히 달려왔지만, 단 한 번도 인생을 어떻게 설계해야 하는가에 대한 진지한 성찰의 시간을 갖지 않았습니다.

아니, 꽉 짜인 연습 프로그램은 그에게 자신을 성찰하거나 인생의 비밀을 들여다볼 기회를 제공하지 않았던 것입니다.

인생도 경기다

운동시합의 세계는 오직 일등에 포커스를 맞추어 놓고 가는 매우 험난한 레이스입니다. 단판에 삶의 희비가 갈리는 참으로 긴장에 사로잡히고 심장이 터질 것 같은 격정이 펼쳐지는 역동적인 경쟁의 바다입니다. 그러면 우리 인생은 어떠할까요. 인생도 경기입니다. 그러나 인생의 경기는 꼴찌가 되든 일등이 되든 행복은 스스로 선택할 수 있는 여백이 있습니다.

스포츠에서 가질 수 있는 자부심과 행복의 원천은 실력입니다. 세계 누구와 견주어도 이길 수 있는 실력 이것이 경기장에서는 승부의 사다리가 됩니다. 승부의 목적은 이기는 데 있습니다. 꼴찌에게 보내는 박수는 위로를 뜻합니다. 진정한 승자에게 주는 박수와는 다릅니다.

그런데 인생에도 기술이 있습니다. 그것은 마음속의 긍정적인 생각과 용기입니다. 용기와 긍정적인 생각은 인생의 경기장에서 시합하기 위해 준비해야 하는 가장 좋은 방법입니다. 그러면 긍정적인 생각과 용기를 마음속에 준비하는 것과 선수가 기술을 연마하는 힘든 것의 질량 차이는 얼마나 될까요? 단연코 기술을 익히는 게 더 힘이 듭니다.

운동선수는 기술을 익히기 위해 식이 요법도 해야 하고 자유롭게 다니지도 못하고 계획을 세운 정글 안에서 살아야 합니다. 숨쉬고 잠자리에 눕는 일 말고는 자유가 없습니다. 코피는 수십 번을 흘려야 하고 힘든 기합도 받아야 합니다. 개인적인 이탈은 있을 수가 없습니다.

빈틈없는 정신일도하사불성(精神一到何事不成)[1]의 마음가짐으로 목표를 향해 달려가야 합니다. 그야말로 문이 열리지 않은 성에 갇히는 꼴이 됩니다. 수없이 많은 패배가 닥쳐와도 나는 할 수 있다고 외쳐야 하며, 해야 한다고 다짐을 해야 합니다. 과연 이 땅에 인생을 살아가면서 이같이 치열하게 준비를 하는 사람들이 몇이나 될까요. 그들은 처음부터 나중까지가 긍정입니다.

그런데 인생은 긍정적인 생각을 하는 것도 힘이 들고 삐딱선을 타는 경우가 많이 있습니다. 도전해 보지도 않고 지레 겁을 집어먹고, 힘든 일을 기피하고, 부모와 환경을 원망하여 힘든 일이 닥치면 엄살을 피우고, 나서지를 않습니다. 그리고 노력보다는 요행을 바라고 한순간에 일확천금을 노리는 편안한 삶을 살아가려고 합니다.

사실 인류 앞에는 참으로 많은 문제가 도사리고 있습니다. 산재해 있는 문제가 수두룩한데 우리는 지금 너무나 안일한 사고에 빠져 있습니다. 스스로 길을 열려고 하기보다는 누군가가 열어 놓은 길을 편안하게 가려고만 합니다.

인생의 레이스가 펼쳐지는 경기장에서 인간이라면 누구나 두 가지의 장애물과 싸움을 해야 합니다. 그것은 부정적인 생각과 나약함입니다. 운동

---

1) 정신을 한곳에 모으면 어떤 일이든 이룰 수 있다.

선수에 비하면 우리는 참 편안하게 인생의 문제와 마주하며 살아갑니다.

인생도 경기라는 말을 상기할 필요가 있습니다. 합리적인 균형의 축을 잃어버리거나, 집중해서 준비하지 않으면 쓰디쓴 참패를 맞이해야 합니다. 인생의 실패는 경기장에서의 패하는 것보다 더욱 쓰고 고약할 때가 있습니다.

준비를 대충대충 하면서 성공하는 사람들은 절대 없습니다. 자유로운 선택을 할 수 있지만, 긍정적인 마음의 준비를 하지 않고, 용기를 갖지 못하고, 비교적 편안하게 준비를 해서는 절대 성공이라는 관문에 진입할 수 없습니다. 긍정적인 마음을 갖는 것에 힘이 드는 것도 아닌데 왜 인간은 긍정적인 마음을 갖는 걸 힘들어할까요? 왜 기성 세대가 온통 긍정적인 마음을 갖자고 가르쳐도 그런 마음가짐을 준비하는 걸 어려워할까요?

그것은 인간이 긍정적인 생명체가 아니라 부정적인 생명체이기 때문입니다. 인간이 부정적인 면이 더 많은 것은 역사의 변동과 문화의 변화에서부터 이해를 살펴볼 필요가 있습니다.

인간은 산업화를 맞이하면서 급격한 변화를 겪었습니다. 너무나 빨리 찾아온 급격한 변화는 시대에 적응할 기회를 상실하게 만들어 버렸습니다. 새로운 문물을 받아들이려면 소위 적응 기간이 있어야 하는데 생활, 문화, 역사의 모든 분야가 빠르게 진보를 합니다. 우리는 새로운 문화를 이해하고 받아들이기도 전에 새로운 문명과 마주하면서 문명의 괴리감을 느끼면서 살아가야 합니다.

사실 현대 문화는 인간이 요구해서 만들어진 것이 아니라, 새로운 것을 창출하여 기업의 배를 불리려는 생물 자본가들의 이익 쟁취 욕구에 의해서 만들어진 것입니다.

인간은 다소 생활이 불편해도 정을 나누고 의지하면서 충분히 행복을 향유하는 존재였습니다. 그러나 소수의 기업가가 더 많은 이익을 갖거나, 경쟁 구도에서 일등을 하기 위해서 만든 경제 구조와 생산 문화에 길들다 보니, 과거의 것에서 벗어나 무엇이든지 새로운 것이 좋다는 인식이 퍼져 삶의 여유를 잃어버리게 된 것입니다.

저는 이것을 새로운 인간 종말론과 결부해서 생각해 보았습니다. 지구의 환경이 파괴된 것은 바로 색다른 문화와 편리를 만들어 낸 기업가들에게 잘못이 있다고 생각합니다. 인간은 새로운 문화를 향유하면서 엄청난 변화를 느끼고 동시에 많은 행복을 잃어버렸습니다. 공동의 가치 결연을 통한 삶의 원형과 여유를 잃어버리게 되었습니다.

사실 인간은 뭔가 특별한 생활·문화 제품에 적응하기 위해 자신의 정체성까지 상실하는 불운한 시대를 살아가고 있는 것입니다.

긍정적인 생각도 자격증이다

현대인들은 새로운 문화에 관해 1도 이해하지 못하고 적응도 못 하게 되었는데 3~4까지의 문화를 받아들여야 합니다. 이미 경험하셨겠습니다만, 공부하지 않고 시험지를 받았을 때의 기분은 앞이 캄캄한 느낌입니다. 이해하기도 전에 새로운 문화 가치를 받아들였을 때의 기분과 다르지 않습니다.

이때, 우리는 심각한 충돌을 느끼게 됩니다. 긍정적인 생각은 소멸하고 부정적인 생각이 자신도 모르게 생겨 납니다. 무지가 연속적으로 반복이 되면 미래 사회의 적응력은 떨어지고 극심한 소외감과 사회성의 이탈을 체험하게 됩니다.

긍정적인 생각이 없는 사회는 불행한 사회입니다. 성장은 더디고 미래를 불운하게 바라보는 사람들은 늘어나게 됩니다. 유독 자살률이 높은 사회가 된 것은 사회가 메마르고 기댈 곳이 없기 때문이기도 하지만 기회가 많지 않기 때문입니다. 부정적인 사회는 기회도 많이 사라지게 됩니다.

새로운 가치는 속도를 멈추지 않고 계속해서 적응을 요구합니다. 삶의 여유가 사라지지 않을 수 없는 환경입니다. 생물 자본가들은 소득을 올리기 위해서 기존 가치를 파괴해야 합니다. 소비자를 매일 새로운 욕망으로 자극하지 않으면 성장은 둔화하고, 시장에서의 주도권은 빼앗기며, 실패의 여신과 마주하게 되는 것입니다.

기업이 미친 듯이 새로운 것을 만들어 소비자를 울타리 속에 가두는 것은 새롭지 않으면 소비의 주도권을 잡을 수 없기 때문입니다. 이것은 경제 원리에 따른 경영자의 문화이지 진정한 소비자의 문화가 아닌 것이지요.

인간은 마음의 여유를 잃어버리거나 익숙하지 않으면 일단 기피하거나 부정적인 생각으로 세상을 바라보는 새로운 성질을 갖게 되었습니다. 익숙하면 부정적인 생각은 가라앉고 익숙하지 않으면 부정적인 생각이 들고 일어납니다. 사람을 만나는 것에도 익숙하지 않으면 부정적으로 바라봅니다. 친숙하면 부정적인 생각은 사라지고 편안한 인간관계를 이어가게 됩니다.

긍정적인 생각은 용기를 달고 다닙니다. 마음이 긍정적인 사람은 일단 밀어붙이는 힘을 드러내는데, 그것은 용기와 긍정적인 마음이 하나로 움직이기 때문입니다.

용기는 자격증입니다

용기는 인생을 살아가는데 필요한 자격증과도 같습니다. 이런 자격증이 없이 인생을 살아가다 보면 매번 문제를 만나면 기피하고 앞으로 나서려고 하지 않습니다. 한 발자국 먼저 달리는 사람이 골대에 먼저 도달하는 경우가 많이 있습니다. 용기는 인생의 첫발과도 같습니다. 먼저 달려가지 않으면 성공의 지점에 빨리 도달할 수가 없고 다채로운 경험을 할 수가 없습니다.

새로운 문명, 새로운 가치 창출 그러나 이런 모든 것들(인간에게 행복을 보장해 주는 상태의 것들)은 용기가 없이는 불가능한 일입니다. 당신은 누군가 치열하게 응대하여 만든 역사적인 가치를 언제나 사용하는 자의 입장에서 살아간다면 바람직한 인생살이가 아닙니다.

사회를 불행하게 하고 인간의 행복에 대한 만족도를 앗아 가는 것은 바로 기업입니다. 그런데도 기업은 '사회의 행복관 인간의 행복에 대한 가치 그리고 추구권에 보호되고 있는가!'를 생각하지 않고 자본의 논리만 앞세우고 있습니다.

기업가 정신은 '최대' 이윤 창출이 아니라 '공정한' 이익 창출이며, 그러한 이익 또한 사회의 건강성과 인간의 존엄성이 지켜지는 데 초점을 맞추는 새로운 경영 윤리를 세워야 합니다.

따라서 현 사회가 부정적으로 바뀌게 된 것은 정치적인 지형의 문제가 아니라는 사실입니다. 그것은 온전히 인간의 마음속 여유를 앗아가며 자신들의 입맛대로 인간의 존엄성과 문화 속에 길들여 가면서 최소한의 책임감도 없는 몰지각한 장사치들의 소아병적인 경영 철학 때문이라는 사실입니다.

이제 사회는 어느 한 사람의 노력만으로는 행복해질 수 없는 집단 공유 생활로 바뀌어 가고 있습니다. 인간의 행복이 기업의 영리 목적으로 좌우된다는 사실은 문명사회의 또 다른 폭거이며, 인간의 존엄성을 향한 노략질입니다.

우리는 새로운 세상을 열어가는 용병이 되어야 합니다. 그것을 가능하게 하는 것은 용기입니다. 혁신은 용기를 먹습니다. 부정적인 생각은 인생에서 가장 험난한 장애물입니다. 그것을 스스로 만들면서 살아간다는 것은 어리숙한 일이지요.

운동선수들이 아침부터 저녁까지 외치는 것이 "나는 할 수 있다!"라는 구호입니다. 할 수 있다는 구호가 그들에게는 어떠한 연습보다 중요한 힘이며, 이러한 힘이 있을 때 그들은 해내는 것이고, 더욱 할 수 있다고 힘차게 외치는 것입니다. 이것이 긍정이 가진 마술 같은 힘입니다.

부정적인 생각은 어떠한 난관도 넘지 못하게 하는 장애물입니다. 대다수의 장애물은 외부의 조건에 있기보다 자신의 내부에 있습니다. 부패한 오류의 현실을 보고도 눈을 감는 주체적 자아 상실의 지성이 길러지는 것도 모두 현실에 안주하는 안일함에서 비롯됩니다.

내부에서 피어나는 용기의 반대, 행동하지 않는 이론가의 간격에서 비겁한 자신이 길러집니다. 이쪽이냐 저쪽이냐 방향을 설정하지 않고 길을 가는 사람은 반드시 목표를 상실한 사람들입니다. 그들이 우왕좌왕하는 것은 선택의 지점에서 용기와 결단이 부족하기 때문입니다.

전진한다는 것은 진격의 에너지입니다. 진격의 에너지는 추동 적인 에너지이며 추동의 기본은 나아가려는 발진기와 같습니다. 역사의 진보는 한 걸음 발을 내어놓으면서 형성이 됩니다. 움직이지 않는 곳에서 진보는 없으며 생성 또한 없습니다.

우리의 생은 세월이라는 말로 또는 시간이라는 말로 앞으로 나아 갑니다. 달려가는 마차에는 먹을 것이 올려 있어도 멈추어 서서 풀을 뜯는 야생마에게는 어떠한 것도 올려져 있지를 않습니다. 움직이는 물속에서 수풀이 무성합니다. 멈추어져 있는 강물에는 먹을 수 있는 물고기보다 먹을 수 없는 물고기가 더 많은 법입니다.

무의식은 의식의 단계를 열어가고 무는 유의 결로 이어져 갑니다. 흐르는 곳에 달려가는 곳에 생성의 역사가 있습니다. 용기가 없으면 시작은 없습니다. 멈춘 곳에서 당신의 꿈이 자란다고 생각하면 오산입니다. 꿈은 오늘보다 나은 미래의 어떤 것을 찾아 나가는 영혼의 작업입니다.

열정의 콘테스트, 그 무대는 당신이 주인공으로 올려져야 합니다. 그것이 진보의 시작입니다.

새로운 것을 갈망하는 마음이 없이 역사의 새로운 페이지는 넘어가지 않습니다. 우리는 어제 미완으로 보낸 과거의 문제를 해결하기 위해 오늘을 쓰거나 다가오는 미래의 소중한 시간을 사용하고 있습니다. 시간은 오늘인데 과거의 일을 하는 것입니다.

어제의 내가 불합리와 나약함의 노예였다면 미래에 몸을 던질 용기가 없이는 오늘도 역시 그러한 구성 조건에서 벗어나지 않고 살아가게 됩니다. 개선되지 않은 어제는 모두 쓸모없는 쓰레기와 같습니다. 물론, 그날 일어난 생각이 아무리 창조적일지라도 그다음 날 재사용한다면 우리 자신의 성공적인 인생 설계에는 별반 영향을 주지 않습니다.

현실 개선은 용기로부터 시작이 됩니다. 우리는 때때로 자신이 원치 않은 상황에서도 비굴함에 빠진 자신을 발견하곤 합니다. 현실 개선의 필요성을 느끼면서도 나약함 때문에 시작의 출발에 서지를 않고 겉도는 자신을 발견하고는 합니다.

한 발 걸으면 어제와 다른 미래가 다가오는데도 한 발자국 옮겨 놓는다는 일이 힘이 들 때가 종종 있습니다. 이때 정체의 기운이 휘몰아치고 자신의 내면은 나약함이 제공해 주는 부정적인 기운에 휩싸이게 됩니다. 어쩔 수 없이 정체된 자리에서 꼼짝하지 못하고 어제와 다른 시간이 다가왔는데도 매번 현재 속에 갇혀 있는 자신을 발견하고는 부끄러움에 몸을 떨어야 합니다.

비겁함이 기운을 뻗치고 자신을 비웃고 있는 상황이 연출됩니다. 나약함은 현실을 개선해야 한다는 문제 앞에서 도피하게 합니다.

미리 겁먹지 마세요

아직 사회 경험이 없는 사람들은 자신의 내면에 현실을 개선하고 위기를 뛰어넘을 용기가 있는지 그 자신조차 잘 알지를 못합니다. 아직 경험이 없어 적응에 대한 기준이 마련되어 있지 않기 때문이지요.

대응력은 경험에서 나옵니다. 경험은 우리가 어떤 일을 할 수 있는 능력 자인지 또는 앞으로 어느 정도의 일을 처리하는 가능성이 있는지 수치로 보여 줍니다. 인간은 대체로 자신이 경험하고 배운 지식의 범위 내에서 일 처리 능력이 있습니다. 같은 일을 처리하더라도 배 이상의 능력을 처리하는 사람이 있는데, 이런 사람들은 일의 속도가 빠르고 업무의 범위를 스스로 확대한 경우에 속합니다.

다시 말해서 관련된 정보를 계속해서 확대하여 그것을 배우고 실천하여 남들보다 일 처리 능력이 빠르게 된 깃입니다. 이렇게 되면 같은 일을 놓고 경험이 적거나 스스로 일 처리 능력을 확장하지 않은 다른 사람들 비해서 매우 긍정적인 말과 생각을 즐겨 하게 됩니다.

긍정적인 생각이 좋은 점은 많이 있지만 가장 좋은 건 생각하는 모든 것을 열매 맺게 해 준다는 사실입니다. 우리의 생각이 창조적 열기의 바퀴 같은 수단이 된다는 말이지요. 긍정은 씨앗이고 그 자체가 열매입니다. 우리 자신에게 있는 나약함은 부정적인 생각 속에 살아갑니다.

한 발을 내딛는 일에 대해서도 불안한 마음을 먹고 언제나 출발선에는 서 있지를 않으려는 사람들이 의외로 많이 있습니다.

이룰 수 없다고 하는 부정적인 마음은 모든 열매 맺기의 실패를 의미합니다. 결과에 도달하도록 만드는 힘의 원천은 바로 긍정적인 생각입니다. 할 수 있다고 했을 때 모든 복과 운명은 앞으로 나아가게 됩니다.

"음, 그거 좋아! 무조건 할 수 있어! 하면 되고, 일단 한번 부딪혀 보자고!"

긍정적인 말은 막힌 공간을 뚫고 나가서 결과에 도달하는 기운을 뻗어 나가 공간 속을 부유하고 떠다니는 성공 인자와 조우하게 합니다.

형성이나 생성 그리고 생명 탄생 같은 시공을 초월하는 4차원의 빛과 에너지는 자신의 의식에서 나오는 긍정적인 활동을 받아서 움직입니다. 성과는 긍정적인 생각이 서로 충돌하거나 결합을 했을 때 또 다른 세계를 볼 수 있는 빅뱅이 이루어집니다.

따라서 우리는 좀 더 광범위한 업무 처리 능력을 얻기 위해서 첫째로 긍정적인 생각을 의식 속에 심어 놓아야 합니다.

경험은 묻히지 않는다

경험은 일 처리 능력의 결과를 합산으로 즉시 보여 줍니다. 긍정적인 신호를 계속해서 보내는 사람은 더 큰 일을 해내면서 전문가의 길로 들어서게 됩니다. 영역이 더 큰 인생의 바다에 나아가기를 즐기면서 남들이 쉽게 하지 못하는 큰 업적을 남기게 되는 것입니다.

어디를 가건 무슨 일 하건 다방면에서 능력을 인정받으면서 살아가게 됩니다. 인생은 쌓아 온 경험을 바퀴 삼아 고개를 넘어가는 일입니다.

경험이 풍부한 사람은 세상이 어떻게 돌아갈 것인가 어떤 일을 해야 하나 현실의 판세를 잘 읽어 냅니다. 그렇다고 처음부터 현실 인식이 좋은 사람은 그리 흔치가 않습니다. 사회 경험이 없는 사람은 뭔가 비틀거리고 불안해 보이기도 합니다.

한 고개 넘어가고 두 고개를 넘어가면서 인생은 풍요하고 안정적인 상태로 진입을 하게 됩니다. 경험 속에는 실패와 넘어짐이 있다고 볼 수 있습니다. 성공하는 많은 사람이 실패를 교훈 삼아서 성공합니다. 성공은 실패라는 사다리를 타고 올라가야 합니다. 한순간에 올라선 영광은 상아탑이 되지 않고 우울한 회색빛 그늘로 대체되는 일이 많습니다.

　완전한 성공은 없습니다. 영광도 잠시이지요. 우리의 경험은 이렇게 소중하고 값지게 살아가는 데 필요한 스승이 되기도 하고 성공에 필요한 조건을 면밀하게 살피도록 훈련해 주는 스승이기도 합니다.

　우리의 성공은 실패라는 친구가 곁을 따라다닌다고 보면 됩니다. 주제를 다시 가다듬어서 논의를 전개하기로 하겠습니다.

경험이라는 주체

경험의 주체는 새로운 일에 대한 도전입니다. 그리고 미지의 세계를 향한 동경이며 도전은 행동하는 꿈이 있어야 합니다. 무엇보다 용기 있는 태도와 긍정적인 마음가짐이 준비된 자는 같은 기간의 인생을 살아가더라도 더 많은 경험을 하고 넓은 세상을 열어 가게 됩니다.

경험이 없는 사람들은 온실 속의 가녀린 풀과도 같아서 노란 해가 반기는 들판에 나가는 일조차 두렵고 발을 딛자마자 상처를 받거나 넘어지곤 합니다. 추진하는 일들이 결과가 미진하고 난관이 닥쳐오면 세상과 교류를 단절하고 지내는 경우의 소극적인 사람들도 있습니다.

부정적인 생각을 가지면서 일의 성과를 크게 기대하는 것은 빗나간 조준입니다. 모든 길은 넘어짐의 함정이 있습니다. 상처를 내는 가시가 준비되어 있습니다. 거대하고 장엄한 생의 들판을 걸어가는데 넘어지지 않고 상처를 입지 않고 완주할 수는 없습니다

당신이 꽃이라면 반드시 떨어진 우박을 맞아야 하고 허리를 꺾기 위해서

달려드는 세찬 비바람과 광풍을 피해 갈 수는 없습니다. 실패는 수업입니다. 이러한 수업은 경험으로 얻어지는 결과물입니다.

우리는 내부에서 일어나는 부정적인 반란이 도전 정신의 기피에서 온다는 사실을 살펴볼 필요가 있습니다. 무엇이든 "안 돼."라는 부정적인 말을 즐겨 하는 사람들은 대다수 용기가 없는 사람이라는 것입니다. 소극적이고 용기가 부족한 사람들은 스스로 능동적인 결단을 하는 데도 낑낑거리며 엄살을 피우는 걸 볼 수 있습니다.

당신이 현재 힘든 상황에 직면해 있다면 어찌 보면 도처에 행운이 도사리고 있는지 모릅니다. 어떤 사람은 "이 정도쯤이야." 하고 말하면서 당당하게 과제물을 놓고 해결하기 위해 힘쓰는 사람이 있기도 하고 반면, "이건 내가 하기 어려워! 왜냐하면, 나는 해 보지 않았거든." 이런 식의 답변을 내놓는 사람도 있습니다.

일말의 타당성이 있는 것 같지만, 늘 힘든 일은 이런 식으로 변명을 늘어놓았기 때문에 그 가할 수 있는 능력의 기대치는 비활동적이며, 이러한 태도로는 멋진 세상을 구경할 수도 없고 그러한 세상을 만들어 갈 수도 없는 무력한 존재로 낙인이 찍힙니다.

우리 인생이 쉽게 경험하지 못하던 다양한 것들과 새로운 문명을 찾아나서는 여행이 아니거나 그러한 기회를 갖지 못한다면 삶은 크게 의미를 상실한다고 봅니다.

우리는 미지의 세계를 탐구하는 청년들입니다. 오늘에 안주하지 않고, 식지 않는 열정의 씨를 심고, 무엇이든 부딪히고 말겠다는 도전 정신을 하늘에 날려 보내며 큰소리로 호령할 수 있는 젊은 세대가 되어야 할 것입니다.

"경험은 가장 거룩한 산 자들의 인생 고전이다."

경험은 그만큼 우리 각자에게 매우 소중한 훈련입니다. 아무런 도전이 없이는 현실은 변화되거나 별반 나아질 게 없습니다. 세상은 당신이 당당하게 나와서 멋진 승부를 거는 도전적이고 매력적인 인생을 살아가기를 여망하고 있습니다.

성공과 반전

인생의 성공과 반전은 긍정적인 말과 행동에 따라 실현됩니다. 부정은 파괴이고 정체이면서 추락을 의미합니다. 긍정은 생명의 씨앗이고 가장 완벽한 인간의 가치와 가능성을 찾아낼 수 있는 열쇠와 같습니다. 인류가 위대한 발명을 하고 업적을 남기게 된 것은 하나같이 긍정적인 말을 하고 생각하는 사람들에 의해서 비롯되었습니다. 긍정은 이룰 수 있는 길을 열어가는 첫 번째 관문이라고 할 수 있습니다. 미지의 세계를 열어가는 문도 긍정의 습관입니다.

역사는 할 수 없다는 부정적인 인간과 할 수 있다는 긍정적인 사람들과의 전쟁입니다. 태어날 때부터 부정적인 사람들도 있습니다. 부정적인 곳에서는 독이 싹트고 분열과 싸움이 일어납니다. 자신의 내면에 내재한 무한한 가능성을 억누르고 종국에는 아무것도 할 수 없는 무능한 사람으로 만들어 버립니다.

역사는 할 수 있다는 피를 원합니다. 긍정적인 말을 기다리고 그들이 서로 협력을 하여 역사의 마당에 발을 들여놓기를 희망하고 있습니다. 만약 당신이 스스로 어느 쪽에 속한 사람인지를 확인해 보려면 평소 하는 말과 생각을 살펴보면 됩니다.

자, 당신이 어떠한 일을 해야 하는데 사업 자금도 없고, 기술도 없으며, 배우지도 못하고, 부모에게 물려받은 재산도 없고, 가진 거라고는 불알 두 쪽이라고 합시다. 만약 당신이 이런 입장이라면 어떤 생각을 할 것인가요! 나는 이렇게 말을 합니다.

"조건치고는 최악이군. 그런데 말이야 조건이 완벽한 숙제는 없잖아! 성공은 1%로의 가능성을 100%의 가능성으로 만들어 놓는 작업이야! 최악의 조건이야말로 내가 도전해 볼 만한 가치가 있지.이건 정말이지 내가 승리할 수 있는 절호의 기회야! 부족한 것을 채워 나가다 보면 반드시 오늘의 조건은 최상의 조건으로 변해 갈 거야!

이번 기회는 내게 어느 정도의 일 처리 능력이 있는지 실험하는 좋은 기회가 될 것 같군. 나는 모든 조건이 준비된 일을 하려고 하면 재미와 의욕이 없어진다고! 나는 불모지에서 선인장 같은 열매를, 절망적인 곳에서 오아시스 같은 이상을 실현하는 사람이야. 중요한 것은 최악의 조건이 아니라 무엇인가 일을 할 수 있다는 조건이지.

그래 나의 활동성이 멈추지 않고 움직인다는 것, 시작할 수 있다는 것! 나는 이러한 사실이 좋을 뿐이야. 가능성이 있고 없고는 나의 능력에 달려 있고 그것이 절대적으로 성공을 거두어야 하는 원칙은 없는 거다. 인생은 결과도 중요하시만 과정이 더 중요한 거야. 과정 속에서도 성공이 있는 거야!"

부정적인 사람들의 대체적인 답은 이러하다.

"와! 참 어렵게 인생을 살려고 하네. 그냥 간단하게 가자고! 쉬운 일도 많은 데 왜 힘들게 자신의 인생을 쥐어짜냐고! 요즘은 쉽게 가도 잘 가는 세상이야! 땀 흘리지 않고 대충 살아도 밥을 먹고 살아! 인생 대충 가는 거야! 힘들게 해서 성공을 한다고 치자. 그거 우리 행복하고 무슨 상관이 있는데? 만약 실패라도 하면 그 뒷감당은 누가 하지?

나는 내가 힘든 일은 안 해. 기왕이면 조건이 좋은 일을 해야지 맨땅에 헤딩하려고 내가 태어난 것도 아니고 부잣집에 태어나지 않아 죽을 고생하고 살아왔는데 왜! 비지땀을 흘리면서 살아가야 하냔 말이야! 세상 노력만 키워서 되는 것 아니야 눈치와 요령을 키워야지. 괜히 어려운데 판을 벌여서 죽을 고생하지 말고 눈 좀 돌려 봐. 뭐 좀 적당하게 편승해서 편하게 배를 채우자고."

산언덕에 쌓이는 눈도 잡초 위에 내리는 빗물도 들판을 뜨겁게 달구는 해도 내려와 다녀가는 순간에도 생명을 살피는 흔적을 남기거늘 하물며 사람으로서 아무런 일도 하지 않고 편안한 것만을 좇다 사라지는 자취가 없는 인생은 구걸하다가 인생을 마치는 백해무익한 걸인과 같은 삶이라 평하지 않을 수가 없습니다.

부정적인 생각은 긍정의 힘을 무력화시키는 독소와 같습니다. 자신에게 있는 희망을 절망으로 바꾸어 놓고 비웃는 야멸찬 적군과도 같습니다. 신이 인간에게 준 가장 무서운 선물이 바로 부정적인 생각입니다.

부정은 긍정의 신호를 가리고 솟구치는 생명의 가치를 흐리고 하는 독소를 가지고 있습니다. 우리는 잠시 긴장을 놓고 있어도 부정적인 기운에 나포가 되는 불운을 겪고는 합니다. 마음을 밝게 하고 모든 것을 희망적인 상태로 만들어 놓는 일에 관해서 관심을 기울이지 않아도 어느새 우리의 내면에는 부정의 기운이 싹을 돋기 위해 고개를 들고 일어나는 것을 알 수 있습니다.

역사는 그대의 뜨거운 발자국을 기다리고 있습니다. 굴복은 저항하지 않은 패배자의 기록을 만들어 갑니다. 용기와 담대함은 역사를 치유하고 개인의 삶을 성공의 지도로 만들어 줍니다. 위기라고 생각하는 지금의 시간이야말로 기회를 만들어 갈 수 있는 절호의 찬스라고 생각하는 젊은 그대가 되어야 합니다.

빈곤 속의 절망이 있으나 풍요 속의 좌절도 있습니다. 할 수 없다는 시간 속에서 패망이 시작되며 기피하는 곳에서 긴 여정의 절망이 우리를 공략해 들어옵니다.

삶을 사랑해야 하는 이유

여러분과 가장 먼저 친구가 되고 가장 오랫동안 친구로 남는 것은 무엇일까요?

그것은 바로 여러분이 어머니의 배 속에서 10개월의 삶을 마치고 나서 울음소리와 함께 처음으로 인사를 나누게 되는 세상입니다. 우리는 가장 먼저 어머니의 품에 안기기도 하지만 세상이라는 품에 인생을 의탁하게 됩니다. 어머니의 품은 언제나 따스하고 자신을 부족해도 반기고 모자라도 품어 주지만, 인생이라는 친구는 이와 반대의 행동을 할 때가 있습니다.

어머니는 자신이 쓰러지고 비틀거려도 그런 자신을 내쫓지를 않고 더욱 따스한 아랫목에 몸을 누우라고 이부자리를 깔아 줍니다. 어머니의 따스한 배려는 자신의 존재 가치를 다시 찾아 나서게 하고 잠시의 방황할 때도 위로가 되고 기대게 합니다. 그러나 인생이라는 친구는 실수하면 반드시 실수에 따르는 벌을 줍니다. 야속할 만큼 관용이 없습니다. 그저 자신이 행동하는 대로 결과를 가져다줍니다.

열심히 하면 영광을
게으름을 피우면 가난을
실패하면 회초리를
배우지 않으면 낙마를
흔들리면 쓰러짐을
집중하지 않으면 혼돈을
방황하면 쓰디쓴 술잔을
의존하면 나약함을
부정적이면 시련을 안겨 줍니다.

이것이 지금 우리가 벗해서 살아가는 인생이라는 친구가 우리에게 하는 행동입니다. 인생은 쓰디쓴 사약과도 같다는 말도 있습니다. 어찌 보면 인생은 나를 비추는 거울과도 같이 행동합니다.

혹독한 시련의 비를 내리고, 절망이 사방에서 지쳐 들어오게 하고, 힘들어서 죽고 싶을 만큼의 슬픔도 가져다줍니다. 인생의 쓴맛은 오묘하고 다양해서 한평생을 살아가는 동안도 무수히 많은 사연을 만들어 냅니다. 짧은 인생도, 실패한 인생도, 성공한 인생도 그에 따르는 많은 이야기를 만들어 냅니다.

우리 각자는 인생의 무대를 살아가는 주인공입니다. 조금 힘이 든다고 인생의 무대를 떠나서는 살 수가 없습니다. 그리고 무대는 언제나 불을 훤히 밝히면서 살아가야 합니다. 냉철한 모습으로 대해주는 인생이지만 인생은 다음에 열거하는 내용을 살펴본다면 참 멋진 친구라는 생각을 하지 않을 수가 없습니다.

우리는 인생에 많은 기대를 하고 살아갑니다. 잘 노력하고 행운이 있다면 많은 부를 얻을 수도 있고 수많은 기회를 가져올 수도 있습니다. 특히, 기회를 얻을 수 있다는 것은 인생이라는 친구가 가진 참 멋진 면입니다.

인생은 배신하지 않습니다. 노력한 만큼 보상은 반드시 해 줍니다. 살펴서 길을 가면 넘어지지 않을 수도 있고 꿈을 꾸면 반드시 꿈을 현실로 돌려줍니다. 그런데도 우리는 인생은 쓰디쓴 술잔으로만 생각하며 살아가고 있습니다.

배신의 아픔은 사람이 주는 것이지 인생이 주는 것이 아닙니다. 좌절과 실의와 슬픔은 모두 사람이 가져다주는 우울한 선물입니다. 따라서 우리는 인생을 살아가는 데 있어서 주어진 신세를 한탄하거나 부족한 것에 대해서 불만을 가질 필요가 없습니다.

아직 세상은 우리에게 더 나은 세상을 만들어 갈 수 기회를 각자에게 안겨 주고 있습니다. 스스로 각오만 한다면 당신에게는 무한한 영광을 얻을 수 있는 도전을 허용해 줍니다. 지금 당신은 주저하거나 망설이는 시절이 아닙니다. 온몸의 살갗이 찢어지고 상처뿐인 길을 걸어가야 한다고 해도 당신은 멈추어 서지 말고 앞으로 나아가야 합니다.

당신이 한 발자국 길을 나설 때 세상은 당신에게 무한한 기회를 안겨줍니다. 그리고 누구보다 뜨거운 손을 내밀어 당신의 도전을 박수로서 받아줄 것입니다.

우리의 인생은 서글픈 노래 가사처럼 얽히고설키면서 돌아가는데 어찌

찬 서리를 문 입술같이 매몰차게 대하느냐고 하소연을 하고 싶기도 하지만 그럴때마다 인생이라는 친구는 자신을 엄하게 다루기만 합니다.

그런데 삶은 매우 정직한 모습을 가지고 있습니다.

땀을 흘린 만큼 보상을, 노력한 만큼 결과를 가져다줍니다. 그가 아무리 차갑고 냉철한 친구라고 해도 그가 우리에게 주는 명백한 선물이 있으니 삶을 사랑하면 사랑하는 만큼의 희열을 가져다준다는 사실입니다.

우리가 인생을 살아 봄직 하다고 말할 수 있는 것은 바로 이러한 사실 때문입니다. 인생은 내가 노력하면 얻을 수 있는 밭과도 같습니다. 꿈이 헛되지 않고 정성을 쏟은 만큼 결과를 가지고 우리 각자에게 건네 준다는 사실은 삶을 사랑해야 하는 첫 번째 덕목입니다.

세상으로부터 따스함을 요구하지 말고 그대가 세상의 차가운 온도를 따스하게 올릴 수 있는 존재가 되기로 합시다.

인생은 가슴으로
안아야 맛을 압니다

인생에 대해서 알고 싶거든 인생을 가슴으로 안아야 합니다. 바다속에 들어가야 조개 속의 진주를 얻을 수 있는 것같이 우리는 그 친구를 가슴 깊이 새기고 받아드리면서 하루를 살아내야 합니다. 인생은 반드시 자신에게 주는 값진 교훈이 있습니다.

실패하면 실패를 하는 대로 성공을 하면 성공을 하는 대로 결과를 줍니다. 열심히 일하고 나면 휴식과 여행 그리고 행복한 삶을 그려 갈 여유를 줍니다. 삶의 경쟁에서 벗어나 긴장을 풀고 자연의 아름다움을 구경할 수 있는 여행을 허락합니다. 수고와 노고에 따르는 훈장을 주기도 합니다.

인생은 정직한 구석을 가지고 있습니다. 그래서 여러분이 힘든 지금의 시간속에서도 긍정적인 생각의 꽃을 피우고 살아간다면 반드시 어두운 구름을 거두어주고 빛나는 햇살이 춤을 추는 시간을 허락할 것입니다.

수박을 주방 칼로 반을 자르지 않고 혀로 겉만 맛을 본다면 수박 속살 맛을 느낄 수 없습니다. 수박 겉핥기 식이라는 말은 그래서 나온 것이지요. 인생을 연습처럼 그럭저럭 시간만 보내면서 지내는 젊은 사람들이 적지 않습니다.

그 시간에 역사는 빠른 속도로 변하고 있고 무한속도로 달려가고 있습니다. 경천동지하다는 말이 무색할 정도로 세상이 변하는 속도는 빠르기 이를 데 없습니다. 그렇게 변해 가는 시대에서 낙오되지 않고 승자의 편에 서기 위해서는 발 빠른 대응력을 키워야 하는데 게임방에서 며칠 몇 밤을 보내는 사람들이 대한민국에는 넘쳐나고 있습니다. 준비하지 않고 어떻게 미래 사회를 살아갈 수 있을까요.

그들의 행동 속에서 과연 역사를 위한 꿈과 설계가 나올 수는 없을 것입니다. 인생은 실전입니다. 프로가 아니면 어떠한 세상도 열고 들어설 수 없습니다. 미래 사회는 실시간으로 배우지 않으면 적응하기 힘들 만큼 변화한다고 합니다.

이제 상상이 현실이 되는 시대에 접어들었습니다. 시대를 살아가면서 깨닫지 못하면 그 시대는 결코 자신의 것으로 만들어 낼 수 없습니다. 혼돈과 초조함이 늘상 자신을 쫓아 다니면서 괴롭힐 것이 분명합니다.

이제 우리는 현재와 다가오는 시대의 주인이 되기 위해서 무엇인가 특별한 결단을 내려야 할 때가 왔습니다. 남들이 시대의 주인으로 살아가는데 자신은 박수를 보내는 존재가 아니라 박수를 받는 입장에 서 보는 꿈을 가져야 합니다.

젊음은 백지수표이다

젊다는 것이 한밑천이라고 말하던 시절이 있었습니다. 제가 생각하기로는 그 말은 현재와 과거를 가릴 것이 없이 만고의 진리가 아닌가 싶은데 막상 동의하는 젊은이들이 많지는 않은 듯합니다. 그만큼 젊은 사람들의 삶이 지쳐 있기 때문인 것으로 이해를 하게 됩니다.

먹고 사는 문제와 직면한 것은 다 같은 입장이겠지요. 위기의 시대를 살아가는 사람들이 젊은 세대라고 예외는 아닐 것입니다. 일터에 나가서 열심히 힘을 쓰고 나면 밥을 먹고 살기에 부족함이 없는 시절에는 젊다는 것이 한 밑천이라 말하는 데는 이견이 있을 수 없을 것입니다.

그런데 요즘은 먹고 사는 문제가 단지 젊어서 더 유리하고 나이 들어서 덜 유리한 듯하지는 않습니다. 살아 있는 모든 생자는 들판이든 산이든 가리지 않고 들고 뛰어나가서 땀을 흘려야 목구멍에 포도가 열리지 않습니다.

포도청이라고 하는 말은 목구멍이 사람의 목숨을 쥐고 있다는 말입니다. 회화적인 이 말이 가슴에 와닿는 것은 그만큼 요즘 살아가기가 쉽지 않아

졌다는 말이거니와, 그럴수록 우리는 무엇인가 꿈을 꾸고 포기하지 않는 생의 달리기를 해야 한다는 사실을 깨닫게 합니다.

그런데도 젊은이들에게 들려 드리고 싶은 말이 있습니다. 그대들의 시기는 실패도 위대한 흔적이 되는 황금의 시절이라는 사실입니다. 가진 것이 있건 없건 그대들은 인생의 제왕과도 같습니다. 그 영광의 시절과 빗대어 가치를 논할 수 있는 대상은 없습니다. 청춘의 불은 뜨겁고 머릿속의 이상은 크며 달려나가는 가슴은 뜨겁습니다.

슬프고 아파도 기회가 더디 와도 그날들은 그 자체로서 아름답고 위대합니다. 무모한 도전이 허용된 시절, 무수히 많은 역사가 들이 젊은 시절로 돌아갈 수 있다면 자신의 모든 것을 바치겠다고 합니다. 그들은 다시 무엇인가 도전을 하고 싶은 것입니다. 실패해도 다시 시작할 수 있는 시간이 남아있는 것을 흠모하고 우러러보는 것이지요.

왜 젊음에 대해 열광하고 다시 돌아가고 싶어 할까요. 그렇습니다. 인생을 지금보다 더 멋지게 설계를 하고 싶기 때문입니다. 도전하고 싶은 것입니다. 다른 인생을 살아가고 싶기 때문입니다. 당당하게 박수를 받을 수 있는 시기이기 때문입니다.
또한, 그들은 나름대로 성공을 했지만, 진정으로 자신이 원하는 일을 해오지 않고 다른 목표를 정해 왔으며 훨씬 행복하고 더 큰 성공을 거두었을 거라는 아쉬움이 있기 때문입니다.

참으로 많은 사람이 자신이 진정으로 하고 싶은 일을 하면서 살아가고 있지를 않습니다. 역사의 천막이 내려지고 황혼의 시절에 진입하게 되면 최선을 다해 노력하는 삶을 살아온 사람도 자신이 살아온 생을 후회하고 또 후회합니다. 나이 들어서 후회를 하지 않고 만족할 만한 행복을 느끼는 삶을 살아가기 위해서는 젊은 시절을 잘 살아 내야 합니다.

도전하지 않는 젊은이는 안주하려는 나이들은 분의 인생과 다르지 않습니다. 편안한 상황에 머물지 말고 소심하게 길을 정하지 말고 높은 창공을 날아오르는 새들같이 그대들의 이상은 높게 솟아야 합니다. 천 길 낭떠러지에 몸을 던지더라도 자신의 소신을 지키고 내세울 수 있어야 합니다.

젊은 시절에 자신이 어떠한 인생을 살아가고 있느냐가 전 생애의 영광을 가늠해 볼 수 있고 무엇보다 후회하지 않는 인생을 마감할 기회를 가질 수 있습니다.

젊음이 밑천이라는 말은 그래서 누구나 공감하고 이해를 할 수 있는 진리가 분명합니다. 위기 속에서 축제를 열 수 있는 것은 오직 젊은 시절밖에는 없습니다. 나이 먹어서의 패배는 눈물의 곡조가 됩니다. 나이 들어가면 재기할 기회가 쉬 오지를 않습니다.

늘그막에는 기회를 나누려는 사람들도 점점 멀어져 갑니다. 그들은 변화보다 안정을 원하게 됩니다. 소란스럽거나 복잡해지는 것을 싫어하게 됩니다. 앞뒤 안 가리고 달려나가 도전할 수 있는 지금의 당신은 무엇보다 가치가 있고 위대한 존재입니다.

사회로부터 열광적인 찬사를 받고 환영을 받는 것은 그대 젊은 바로 당신입니다. 당신의 도전을 기다립니다.

내 인생의 도전 콘서트

인생은 정말이지 매우 특별한 축제와 같습니다. 그대와 나의 인생이 어두운 터널 속을 달려가고 있다고 해서 축제가 아니라고 말할 수는 없습니다. 하던 일들이 잘 풀리지 않고 실패 속에 갇혀 멀리 유배를 떠나는 불행이 닥칠지라도 당신은 콘서트의 주인공이며 연출자입니다. 무대에서 내려오는 날까지 당신은 멋진 일을 꾸며서 사람들로부터 존경과 찬사를 받는 주인공이 되어야 합니다.

인생은 도전하기 위해 만들어진 드라마입니다. 무대에 올라서는 날과 무대를 떠나는 날까지 당신은 인생을 끊임없이 새로운 도전과 교분을 쌓아야 하고 그를 통해서 더 큰 세상을 열어가야 합니다. 인생이라는 무대는 공연을 축하해 주는 꽃다발과 향기만 넘치지는 않습니다.

박수 소리는 작아지고 열광하던 관중은 하나도 남김없이 자리를 벗어날 수도 있습니다. 덩치 큰 고독이 큰 그림자가 되어 무대를 덮쳐버리고 자신을 쓸쓸한 기분에 휩싸이게 만들어 버릴 수도 있습니다. 희망을 주는 것보다 야유와 비난을 일삼고 남겨진 희망을 앗아 가 버릴 수도 있습니다. 박수하다가도 자신의 용기에 절망을 이식시키기 위해서 내밀한 곳까지 접근하여 당장이라도 인생을 그만 버리고 싶을 만큼 좌절감과 패배감을 전해주기도 합니다.

　당신은 관중들로부터 주목을 받고 살아가는 멋진 주인공에서 한순간에 추락하여 자신이 원하지 않은 기분에 휩싸인 채 무대를 떠나야 할 수도 있습니다. 무대를 떠날 때는 당신은 세상에 찾아오던 날 보다 아니 무대 위에 올려진 날보다 더 가벼운 빈손으로 무대를 내려와야 합니다.

　그러나 현재 살아가는 일들이 힘이 들고 꿈이 쓰러지는 상황에 직면했다고 해서 축제가 아닌 것은 아니며, 당신이 축제의 주인공이 아닌 것은 더욱 아닙니다. 제가 인생을 콘서트라고 말을 하는 것은 박수를 받는 것도 비난을 받는 것도 온전히 자신의 역할에 의해 달라진다는 것을 말하기 위함입니다.

　내 인생의 콘서트는 희망의 찬가를 부르고 도전의 열기를 띄우며 용기를 복 돋아 어려운 최악의 조건 속에서도 절망까지도 사랑하는 용기를 갖기를 여망하고 있습니다.

　마지막이라는 꿈은 있지 않습니다.
　마지막 날이 꿈을 꾸는 시작일 수도 있기 때문입니다.

　이제야 무대를 준비하고 콘서트를 열 준비를 하고 있을 젊은 당신에게 저는 다음과 같은 한마디를 당신의 콘서트 무대에 올려 드리고자 합니다. 당신이 무대의 주인공임을 무대에서 내려오는 날까지 잊지를 마세요. 그리고 어떠한 위기가 닥쳐와도 당신은 무대를 떠나지 마세요.

　시련들은 즐겁게 맞이하면 축제의 조미료가 되고 콘서트 무대에 없어서는 안 되는 화려한 조명이 되어 줍니다. 최후까지 무대를 지키는 당신은 가장 멋진 무대의 주인공이면서 처음과 나중까지 당신의 인생 콘서트는 성공적으로 끝을 맺을 것입니다.

미래보다 현재를 즐겨라

다가오는 미래는 긴 시간을 거쳐서 겨우 찾아온 봄이 지천의 꽃들을 피어나게 하는 것 같이 마음이 설레는 새날입니다. 우리는 매우 들뜨고 반가운 마음으로 미래를 맞이 해야 합니다. 당신이 다가오는 미래에 흥미를 잃어버리거나 별 기대를 하지 않는다면 분명 당신의 현재에 문제가 있을 수 있습니다.

봄꽃이 피어났다는 사실을 매우 열정적인 태도로 기다리고 맞이하는 사람은 현재가 매우 활동적으로 바뀌었다는 것을 의미합니다. 미지의 세계에서 다가오는 그 날은 오늘 비록 실패와 좌절의 강을 건너왔으나 다시 멋진 축제를 여는 기회를 안겨 줍니다. 기대와 포부가 만개하는 미지의 세계를 동경하는 것은 인간의 본능입니다. 동물들과 새들도 봄이 오는 새날에 집을 짓고 기대에 가득 찹니다.

좋은 소식을 담고서 내게 오는 한 통의 편지 같은 미래를 우리 각자가 사랑하는 것은 당연하다고 할 것입니다. 낙서가 없는 하얀 도화지에는 무엇인가 다른 그림을 그리고 싶은 생각을 하게 되는 것처럼 우리에게 매일 다가오는 내일이라는 미래는 그만큼 소중하고 반전의 묘미를 품고 있습니다.

기대하고 맞이하는 들뜬 마음의 자세는 우리 자신 속에 지피고 있는 희망의 불을 끄지 않는 이유가 됩니다. 우리 자신은 미래의 시간을 더 큰 축복의 시간이라고 느끼고 살아가고 있으며 상대적으로 현재의 시간을 경시하는 경향도 있습니다. 이런 인식 때문인지 현재를 멋지게 살아 내려는 마음보다는 미래를 더 귀중하게 생각하기도 합니다. 이렇게 생각하고 맞이한 현재를 아무런 생각과 결과 없이 우울하게 보내는 사람들은 많이 있습니다.

사실 현재를 균형적으로 살아가려면 미래를 탐구하고 다가오는 시간에 대한 가치를 중시할 필요가 있습니다. 그런데 현재의 시간을 마음껏 즐기는 사람들은 그리 많지가 않습니다. 현재를 사랑하는 마음이 많아야 미래를 사랑하게 되고 현재를 즐길 줄을 알아야 미래의 시간도 행복하게 즐기면서 살아갈 수 있습니다.

오늘 그대에게 수놓은 현재는 어제 미래가 배달해 준 하얀 도화지를 담은 편지입니다. 당신이 수취인이고 인생을 운영하는 사람은 바로 자신입니다. 그런고로 현재의 시간을 잘 운영하게 되면 그러한 능력이 쌓여서 다가오는 모든 미래를 가장 합리적으로 운영을 알 수 있고 발전적이면서 더 나은 미래를 개척해 나갈 수 있습니다.

따라서 우리는 현재 앞에 놓은 시간을 매우 소중한 마음으로 다루고 맞이해야 합니다. 그것은 당신의 현재는 당신이 행복할 수 있는 상태로 진입하도록 기회와 능력을 연마하도록 신이 허락해 준 선물이기 때문입니다.

새 역사의 지평을 열어가자

미래 역사만 그대들의 몫이 아닙니다. 현재의 시간 또한 여러분이 주인이 되어야 합니다. 역사의 주체 의식은 상하를 구분하지 않고 세대를 구분하지 않습니다. 한 시대를 살아가는 모든 사람은 역사의 주역이고 주인이 될 자격이 있으며 책무가 있습니다.

젊은이들은 미래의 주인이라고 하고 기성 세대들도 젊은이들을 현재 역사의 주인으로 인정하려고 하지 않습니다. 그것은 현재 역사의 책무가 자신에게 있다고 하는 책임 한계규정의 본능 때문입니다. 후대에게 좋은 일을 물려 주고 싶은 욕망 때문이기도 하지만 여러분은 그러한 책무를 벗어 버리고 살아가면 안 됩니다.

미래에 잘살기 위해서, 희망과 기회가 넘치는 미래를 맞이하기 위해서 지금 여러분은 역사의 주인으로 살아가려는 마음을 가져야 합니다. 그래야 우리의 아픈 역사를 대물림하지 않고 위대한 대국을 만들어 갈 수 있습니다.

여러분은 인류의 역사에 귀중한 유산을 남겨 주어야 하는 이집트의 위대한 지도자 파라오입니다. 구세대와 현세대 현실의 문제를 잠재우고 치유

해 나갈 때 우리의 미래는 밝은 서광을 비출 수 있을 것입니다.

　당신의 훌륭한 역사 인식과 선택 그리고 깨우침이 국가의 미래를 바꾸는 유일한 비전이 될 수도 있습니다. 그래서 당신이 오늘 무슨 일을 하고 무슨 생각을 하고 있느냐에 따라서 미래는 달라지고 현재는 개선되는 희망을 품고 굴러가게 되는 것입니다.
　당신이 공익적인 사명에 충실하고 개인 이익에 추종하는 노예가 되기보다 공동의 삶터를 더 나은 단계로 개선하려는 대의를 좇아 가는 삶을 살아간다면 당신은 젊지만 충분히 역사의 주인으로서 부족하지 않은 삶을 살아가고 있는 것입니다. 젊을 때 인간다운 것을 지키고 나라와 이웃을 사랑하는 마음을 먹는다는 것은 충분히 성공한 시절을 보내고 있다고 말할 수 있습니다.

　정치가 우리의 이상을 충족시켜 주는 것이 아니라 우리 각자가 지키고 해결해야 하는 공동의 문제에 대해서 눈을 뜰 때 비로소 우리가 추구하는 사회의 희망이 자라게 됩니다. 그러한 에너지가 국가가 존립할 힘의 원천이 되는 것입니다.

　우리는 종종 우리 자신이 키워 내는 희망이 국가가 우리에게 주는 희망보다 크다는 사실을 간과하고 살아갑니다. 역사의 새로운 도약은 오직 미래의 주인이 어떤 모습으로 현재를 살아가느냐에 따라서 달라집니다. 그대가 역사의 지평이고 역사의 숨결입니다. 그대가 우리가 기대하는 미래의 희망이고 주인입니다.
　오직 그대 안에서 물결치는 생의 욕망과 무엇인가 자신의 가치를 쏟아부어서 삶을 변화시켜야 한다는 각자의 역동적인 사고가 나라의 밑동이 되는 것입니다.

고난에서 배우다

우리는 지금 고난의 시대를 살아가고 있습니다. 어제오늘 일은 아닙니다. 통합이 실현되지 않은 민족 앞의 운명은 언제나 소란스럽고 미래는 불투명합니다. 우리에게 다가오던 미래의 행운조차 손으로 잡아채지 못하고 이내 놓쳐 버리고 맙니다. 민족 통합이라는 대단원의 역사를 실현하기 위해 삼삼오오 모여서 선서를 하고 난 이후에도 우리는 분열의 병에 노출이 되고야 맙니다.

혼연일체가 되어도 민족의 운명은 바람 앞에 등잔같이 근간이 흔들리는 법인데 분열을 위한 마차의 바퀴를 굴리느라 불을 밝히고 있는데 고난이 어디서 오든 당연한 귀결일 것입니다. 안정을 찾지 못하고 분열과 혼란의 시대를 반복하고 있는 위태한 형국은 국민 각자에게 좌절과의 키스를 즐겨 해야 하는 불운한 시대를 살아가도록 재촉하고 있습니다.

오늘날의 상처는 우리 각자가 자신에게 주어진 책무를 완결하지 않고 누군가 자신을 이끌어 주고 행운을 안겨 주리라는 책임 부제와 개념 없는 의존성을 가지고 시대를 살아가고 있기 때문입니다. 국가를 위해 헌신하기보다 국가가 모든 것을 해결해 줄 거라는 기대를 지나치게 갖다 보니 모든 것이 불만입니다.

싸움과 반복이 이어지는 원인도 상대에게 책임을 전가하는 것이 병적으로 확산이 되어 버렸기 때문입니다. 우리 젊은 세대들이라도 이러한 책임 전가의 싸움에 휘말리지 말고 주어진 과제물과 밤을 새우는 공명정대하고 의로우며 합리적 판단을 중시하는 시대사조를 이끄는 중재자가 되기를 기도합니다.

웃소
좋소
얻소

웃음은 보약이라는 말도 있습니다. 어느 때 웃어야 과연 보약이 될까요? 아무 때나 웃고 살아도 삶이 웃는 날이 많아진다고 하던데, 씨가 열매로 자라서 가을에 추수하는 것같이 웃음이 내 인생에 행운의 열매를 맺게 해 줄 거라는 기대를 하게 될 것입니다.

웃음은 지나가는 행복을 머물다 가게 하는 능력이 있습니다. 세상을 환하게 바라볼 수 있는 긍정적인 힘을 안겨 주는 것도 바로 웃을 때입니다. 그럼 어떠한 웃음이 가장 멋지고 얻는 복이 큰 웃음일까요? 코끼리 뒤로 발랑 넘어져 엉덩방아 부러지는 웃기는 소리를 다 하신다고 하겠지만 웃음도 그 시기에 따라서 얻는 결과를 달리 가져다줍니다.

저 같은 경우의 실례를 들겠습니다. 저는 매우 절망적일 때 웃음을 짓습니다. 하루를 살아 내는 것도 힘들 때인데 어찌 웃으면서 보낼 수 있다는 말이냐고 어이없다는 반응을 보이는 것이 대다수의 반응입니다. 진정한 웃음은 무엇일까요? 당신은 이러한 나의 질문에 자극을 받고 답을 기대하고 있습니까? 그렇다면 당신의 기대는 절대 헛된 것이 아닙니다.

진정한 웃음은 웃을 수 있는 상황에서 웃는 것이 아니라 웃을 수 없는 가장 절박한 상황에서 웃는 웃음입니다. 용서할 수 없는 사람을 용서하게 되면 자신의 내면의 가치는 높게 승화가 됩니다. 특별한 각오와 결심이 서지 않으면 잘못을 저지른 상대를 용서할 수 없는 것 같이, 도저히 웃을 수 없는 최악의 상황일 때 웃으려면 원수를 용서할 때 같이 결심이 필요합니다.

그리고 웃고 나면 그 웃음은 위기를 벗어나고 절망적인 상황을 희망으로 대체하는 용기와 삶의 의욕을 가져다줍니다. 웃는 것이 자신에게 필요한 용기와 희망을 가져다준다니 그게 말이나 되는 법이냐고 반문을 할지도 모르겠으나 아래 내용을 보시고 한번 웃어 봅시다.

웃소, 웃으면 좋소, 좋으니 얻을 수 있소. 먼저 웃어라, 웃기는 일이 없어도 웃어라. 웃으면 모든 게 좋아집니다. 더군다나 웃으면 얻고 취한다 또는 득(得)한다고 합니다. 웃는 것만 해도 유익이 많아진다는 말입니다.

지금 그대가 처한 상황이 웃기에는 너무나 힘들고 여유가 없을 수도 있겠으나, 그래도 웃어야 길이 트이고 소망하는 것을 얻게 됩니다. 행복을 높은 곳에 놓아두거나 쉽게 다가가서 만날 수 없을 만큼 멀리 두는 것은 바로 자기 자신이지 행복 스스로 멀리 있거나 높은 데 있지를 않습니다.

사실은 행복은 아주 가까운 곳에 머물고 있으며 만나려고 해도 만날 수 없는 것이 아니라 손을 뻗으면 언제든지 만날 수 있는 게 행복입니다. 행복은 정조준하고 만나려면 누구든지 행복을 얻을 수 있습니다. 웃음은 오직 그대 자신만을 위한 잔치가 아니라 여러 사람에게도 동시에 행복한 느낌을 안겨주는 보석 같은 가치를 가지고 있습니다.

창가에 매달린
이슬방울
흔들지 마라

창가에 매달린 이슬방울
창문 흔들어 떨어트리지 마라

아침에 찾아온 해 왔다가
떠나면서
이슬방울 흔적 지울 때까지

빗물은
어느 노인 요양원에 맡겨져
하루 내내 창문 바라보며
고인 턱에 주름 깊어질 때까지

맡겨 놓고 소식 없는
아들딸 오기를 기다리고 있는
어느 노인의

친구일 수도 있기 때문이다

홀로 병상에 누워
그가 쏟아 내놓은
무수한 생각들이

그의 눈물이 되고
그가 걸어오면서
낳아서 키워 놓은
자식에 대한 평가가 될 것이다

그리고
그의 인생이 잘못 살아왔다는
하얀 독백이 될 것이며

그가 길 떠나면서
남긴 마지막
유언들이 색인 되어 있을 것이다

치매 환자라고 하지만
그의 생각들은 언어로서 조합이
되지 않아 표출이 안 될 뿐이다

그것은 그가
세상에서 마지막으로

믿고 의지하는 친구일 수도 있다

인간의 기록이 저물어 가는 순간은
이렇게나 슬프고 외롭고
고적하기 이를 데 없다

누구든 죽음은 쓸쓸하고
깊은 상실에 젖어야 한다

죽음이 슬프고 외로운 인생
이것이
우리 인간이 만든
또 하나의 만행이다

축복을 받으며 왔다면
마땅히 축복을 받으면서 떠나가야 한다
마중을 나온 사람들이 없는 죽음은
죽음이 아니라 생의 파멸이다

있어야 할 사람에게
황망히 곁을 떠나간 우리

늙고 병들었다는 이유로
경제적인 이익이 없다는 이유로
우리는 효를 버리고

그 대상을 버리면서 살아가고 있다

과연 무엇을 얻기 위해
우리는 이토록 잔인한
만용을 부리는 것일까?

노인은 버림을 받았다는
사실을 가슴속 무덤에
깊숙이 씨앗을 심고
후손들과 이별을 하고 있는 것이다

창문에 매달린 물방울이
그의 친구가 되고
대화의 상대가 된 것은

당신과 나의 탈선을 의미하고
인간이 아닌 또 다른
비문명 사회의 퇴화한
타락의 변종임을 증명하는 것이 된다

지켜야 할 것을 내동댕이치면서
살펴서 찾아 헤매며
그대와 내가 얻은 것이 무엇인가!

마지막 가는 길에

죽어가는 부모님이
창문에 걸친 이슬방울을
자식 소식을 가져올 우체부 아저씨를
친구로 삼고

하루 내내 턱을 괴고
누워 있도록 방치해 놓고
당신과 내가 얻은 것이 무엇인가!

그렇다고 노인의 삶이
충분히 행복했는가 하면
그 노인의 삶은
충분히 행복하지 않았을 것이다

그 노인의 손길은
자식들을 정성스레 돌보다
뼈마디가 굳어지고

섬섬옥수 하얀 손은
다리미에 그을린 백양목보다
더 구겨져 있었을 것이다

세월 이기는 장사 없으니
그대와 나는 언젠가
노인이 걸어갈 죽음의 길을

걸어가게 될 것이다

당신이 부모님을 요양원의
노인으로 만들어 놓았다면
당신도 지금 그 노인과 똑같은
창가에 매달린 이슬방울을 친구로 삼아

온종일 목주름이 깊이 파일 때까지
턱을 괴고서 앉아 있는
신세가 될 것이다.

쉽게 버리지는 마

힘없다고
힘들다고
쉽게 버리지는 마
사람이든 짐승이든

그렇게 버려진 생명들이
그대가
세상에
버려지는 날을 꿈꾸면서
살아가게 되니까

살기가 힘든 인생
파노라마 같은 해일이 일어나는
肉世의 삶을 가로지르며
직립 인간이 되기까지

세월은 우리 각자가
짊어지고 벗하면서
동반해야 할
인연들을
하나둘
사람을 보내 준다

그것은 친구라는 이름으로
부모라는 이름으로
자식이라는 이름으로
애인이라는 이름으로
자식이라는 이름으로
스승이라는 이름으로

곁에 머물러 주며
다가오기도 한다

예시적 얘기를 하자면

이런 모든 사람은
태어나서 죽는 날까지
변치 않은 이름으로
함께 기대고 벗하면서
살아왔다

그런데 어느 날부터
이들은 하나둘씩
서로에게서 멀어졌다

이유는 타당한 것이 아니었다

곁에 있는 자들이
자신에게 필요하지 않다는
한가지의 생각과
곁에 머물면
자신이 힘이 든다는
이유다

점점 그들은
필요에 따라서 만나는 사람으로
변형되어 버린 것이다

황당하고 메마른 세대의 차가운 물살을 맞은
삭막한 변화는
어느덧
당연한 세대의 현상이 되어 버렸다

버리고 떠나는 것이
유행병처럼 번져 간
지금

우리는 너나없이
하이에나의 눈을 달고 살아가고 있다

건강한 竹筍이 머지않아 大竹을 밀쳐내고
기상을 뽐내는 것처럼
곁의 사람을 밀쳐내고
기회를 탈취하고
책임의 옷을 벗어 던져 버리고
출행랑을 치는
시대를 맞이하게 되었다

떠난 자는 버림을 받고
버린 자는 다시 버림을 받는
세상 萬法 의 혹독한
순환 이치의 벌을 받는 줄 알면서도

지금 우리가 배운 버림의
무지함을 버릴 줄 모르니

어찌!
이곳을 지상낙원이라고
말을 할 수 있는가!

이유를 찾지 마세요

떠나갈 때는
떠나가야 하는 이유를 찾지는 마세요

자신을 정당방위 하고
타당함을 찾는 동안
상대는 무너져 내립니다

사랑하면
떠나는 이유보다
함께 하는 동기가 많으니
이런저런 이유는 생기지 않는 법이지요

떠나갈 때
소란스럽고
상처를 주고받는 것은
이유를 다른 쪽에서

찾아내려 하기 때문이잖아요

그대 마음속에
사랑이 사라진 걸 감추려고
사랑하는 이유가 없는
그대가
떠나는 것은 당연하지만

이유를 찾아서 들려주는 말이
고작해야
사랑하기 때문에
헤어져야 한다는 말이잖아요

그 말을 들은 상대는
유치해서 번데기 먹고 막춤을 추고 싶은
심정인걸요

그래서
사랑이 한편으로는
더럽다고 하는 겁니다

사랑한 만큼
헤어지는 것도
사랑했던 그대로
아름답게 헤어지는 겁니다

사랑의 가치는
아직
세상에서 유일하게 남은
아름다운 보석이니까요

지친 인생
외롭고 힘든 인생
사랑마저 없다면
우리는
단 하루도 살아가기 힘드니까요.

망설이지 말게나

지쳐 쓰러진 가장을

길거리에서 만나거든

지나치지 말고

한번 어깨를 흔들어 보기라도 하게나

알콜 냄세가 눈살을 찌푸리게 해도

여보세요

라고 한마디라도 해주고 가게나

한번 마주친 적이 없는

無親의 관계일지언정

그도 사람이고 자네의 이웃이라네

출신을 잘 따지는 우리에게는

혹여 아는가!

같은 이씨 종친인지

아님
매일 지하철에서 마주치던
이웃집
아저씨일 수 있다네

취중천국
어찌 인사불성 되도록
취해 버린 게 쓰러진 가장만 있는가!

멀쩡한 사람에게서
사람 냄새가 나지 않은 사람들

아무 때나
사람의 도리를 버리는 짓을 하는 걸 보면
그것도
사람 몰라보는
막술에 취해 돌아가는 거라고
어찌 평을 하지 않을 수 있겠는가!

친절을 버리지 말게
하늘은 자네의 친절을
배로 값아 준다네

어느 날인가!
자네도 취한 적이 있다네

그때
자네도

지하철 어딘가의 골목에서
첫사랑을 못 잊어
괴로워하다가
소주를 잔뜩 마시고 나서
큰소리로 떠난 첫사랑을 부르다
그대로 쓰러져 잠이 든 적이 있었지

그때 자네는
무려 세 사람이 자네의 어깨를 흔들어 보고
지나쳤다는 사실을 모르고 있을 거야!
그만큼 자네는 취해 있었어!

지금은 결혼도 하고 안정된
삶을 살아가고 있고
깡소주도 마시지 않기 때문에
내가 언제 그랬나 라고 하지만
모두 사실일세

내가 누군가를 위해

친절을 베풀면
내가 친절을 받는 행운을 갖게 되는 거야

왜냐하면
친절을 받은 그들이
살아 있는 날까지
잊지 않고 살아가기 때문이지.

맛난 음식

친절은
맛난 음식과 같아서

받은 사람도
베푼 사람도
기분 좋게 하지

그래서
언제든 나누며 주고받아야 하는 거야!

특별한 날이 아니더라도
아주 종종 말일세

그런데
이렇게 좋은 음식을 나누어 먹는 사람들이
줄어들고 있어

친절이 없는 세상이 다가오면
따스한 친절을 받아 놓고
친절을 베푼 상대를 향하여
무슨 수작을 부리는 거냐고
따지듯이 말을 하는 삭막한 세상이
다가올 수 있어!

이미 그런 세상이 온 것은 사실일세
자네도 느낀 적이 있을 걸세

상대가 측은하게 보여서
위로도 해주고 용기를 가지라고
여러 말을 해 주고
부축을 해주고 택시를 태우려고 했더니

갑자기 돌변하더니

뭐야! 이 사람
하면서 눈을 내리깔고는
고맙다는 말도 없이
가 버렸지

그럼 우리가 무엇을 해야 하냐고?

특별한 대책은 없어

다만 바로 앞의 상대가 베푸는 친절을 받고
그에 못지않게 친절을 베풀어 줘

그게 우리가 살아가는 이유면서
세상을 아름답게 만들어 갈 수 있는
유일한 방안이 되는 거야!

행운이 오거든

행운이 오거든
노력의 대가야

역시 태양의 아침은 나의 것
나는 복이 많은 사람이야!

또는 올 것이 온 거야!
이러기보다는

부족한 내게 와 주어서 고마워
정말 고마워
이렇게 말해 봐

왜냐고!

그래야 자주 오지

친절한 식당
자주 가고 싶고

먹었으면 맛있게
잘 먹었다고 하잖아

행운도 그래

식당에서 맛있게
먹은 다음 인사를 하듯이
친절하게 인사를 하면
행운의 왕이 올 수도 있거든

어때!

왕 행운이 올 수 있다는데
네게 즐겁고 행복한 일이 오면
고맙다는 말을 하고 싶지 않니?

불만은 불행을 몰고 다녀

요즘 살아가는 게
힘들지

나도 그래

살아가는 사람들이
모두 그렇다고 보면 돼

내가 귀띔해 주고 싶은 말은

불만스러운 생각이
우리의 삶을 더 힘들게 한다는 사실이야

그거 정말 자주 갖지 마

불만은 불행의

가까운 친구야

불만스럽고
부정적인 사람의 곁에
불행은 터를 잡아

그리고 불행이라는 녀석이
귓속말로

사랑하는 내 친구야!
나와 같이 살아 볼까?

하고 그대의 어깨에
손을 얹어 놓게 돼

징그럽지
으스스하고

불만

같은 불자는 절대
가까이하지 마라

불행의 불씨이니까!!
행복을 내리치는 방망이니까!

인상 쓰다가

인상을 자주 쓰면
안되는
이유를 모르지
내가 가르쳐 줄까?

첫째
불도그가 돼

둘째
찌그러져

셋째
나이들어 보여

넷째
주름이 깊어져

그뿐이 아니야!

복은 찌그러지고
행운은 작아지고
기쁨은 오지 않고
운명은 사나워지고

행복은 근처에 오지도 않아

무엇보다
얼굴이 한, 배는
못생겨져.

충고

충고하나 할게
물론 나는 충고할 입장에 서 있지는 않아

나도 불완전한 인간이니까!

그런데
왜 내게 충고를 하냐고?

단지 내가 체험한 것을
말해 주고 싶을 뿐이야!

나는 멋모르고 그렇게 하다가
고약한 일을 체험하게 되었거든

그러니까
너는 고약한 일을

당하지 않았으면 하는 바람이지

잘 들어 봐

가진 것 없다고
무시하지 말고

그거
진짜
자기 얼굴에 침 뱉는 거고

그리고
그 침
그대로
내가 먹는 거니까!

잊기 위해서

잊기 위해서
미워하는 일

자주 하다 보면
미워하는 일만

마주치게 돼

그래서
헤어지는 날

왔거든

사랑 더 주지 못하고
나누지 못한 것을

후회하는 거야

그래야 헤어질 때
분노를
미움을
부르는
못난 짓을 하지 않게 되는 거야

덜 울고
덜 미워하고
덜 아파해야

사랑은 추억이 되거든.

더 주지 못해

더 주지 못해 안타까운
그대만
사랑하는 마음이 큰 것은 아니야

받아 놓고
아무 것도
해 주지 못해

가슴 아파하는
마음도

사랑하는 마음
큰 거야!
사실
받아야 할 이유가
충분한 사람은 없어

그저 사랑은 이유 없이
주는 것이니까
언젠가는 그대
상대에게 주고 싶을 때

주지 못하는 마음 있을 거야!

그때를 생각해서
못 주면서 살아가는

상대에게

그대를 사랑하는 마음이
없다고 생각하지 마.

어머니 전상서

망각을 합니다
자꾸 망각을 합니다

어머니가 주는 사랑은
당연한 거라고

그리고 어머니가 주시는 사랑은
크지 않고
알아서 내게 주는 거라고

언제든
먹을 수 있는 우물이라고

어머니 희생은
어머니라면
누구나 그렇게 한다고

특별한 것이 없다고

그래서 저는
어머니가 제가 원하는 것을 주지 않으면
사랑이 작은 거라고
뭐라 큰소리를 칩니다

뭐 하려고 낳았어?
젊었을 때 아버지랑 뭐 하느라
돈도 벌지 못한 거야?

왜!
나를 가난한 집의 자식으로
태어나게 한 거냐고?

원하는 것을 주지 않으면
떼를 쓰고
낳아 놓고
해 준 게 무엇이 있냐고
대들기도 합니다

나는 이렇게 망각을 하는
자식입니다

어머니의 사랑이 작은 것은

세상에 없습니다
어머니의 사랑은
세상에서 가장 큰 것이고

그래서
나와 그대는
불효자식입니다.

아버지 전상서

착각을 합니다
크게 착각을 하고 살았습니다

아버지
자식 사랑은 없는 거라고
그 정도는 누구나 하는 거라고
대수롭지 않은 거라고

배부른 엄마의 모습만
기억하고
아버지는 저리 밀어 놓고 지냈습니다

나중에는 집에 들어오는
발자국만 들려도
인사하기 싫어서
방문을 걸어 잠그고

자는 척을 했습니다

화장실에 갈 때는
아버지와 마주치지 않으려고
사이다병에
볼 일을 보기도 했습니다

엄마에게 오늘은 좀
힘이 드네 하고 말을 하실 때는
이불 속에서
남자가 그거 가지고 엄살을 피우나
속으로 그렇게 되뇌고는

그것도 모자라
아빠, 나 자야지 내일 학교 가지
지각하면 아빠가 책임질 거야
이불속에서 그렇게 말을 해 주었습니다

약속이라도 한 것처럼
우리는 아버지가 나가고
들어설 때 TV에 눈을 들여 놓고
고개도 돌려보지 않았습니다

우리 집만 그런 것이 아니라
친구들의 말을 들어보면

모두가 같은 풍경을 연출하면서
살아가고 있었습니다

어떤 친구는 이렇게
소리까지 질렀답니다

씨ㅂ
아버지가 도대체
내게 해 준 게 뭐가 있지!

그렇다고 돈이라도 많이 벌어서
엄마 호강을 시켜 주기를 해요

그리고 제발 허리 좀 펴고 다니세요!
동네 친구들이 뭐라고 하는지 아세요!

야! 너네 아버지
요양원 가실 나이 아니냐?
왜 그렇게 늙으셨냐?

정말 쪽팔려 죽겠어!

어느 날 아버지는 월급봉투를 들고
귀가를 하시다가
과로로 쓰러지셨고

곧바로 병원으로
실려 가셨습니다

의사는 어머니의 손에
진단서를 들려주셨습니다
과로로 인한 간암이었습니다

아버지는 한때
중소기업을 다니시다가
명퇴를 하셨고
가장의 역할을 하기 위해
현장 일일 근로자를 하시다가
과로로 병을 얻었던 것입니다

그리고 아버지께서 구부정하게
걸으셨던 것은
현장 일을 하시다가 넘어져
허리를 다치셨다는 사실을
그즈음에 듣게 되었습니다

그리고 다시 세월이 흘러서
아버지의 시신이
하얀 천으로 덮혀
실려 나갈 때

자식과 가정을 위해서 수고하신
아버지의 역할이
작지 않았다는 것을

아버지의 자식 사랑이
어머니의 자식 사랑과
결코
작거나 다르지 않다는 사실을
그때 비로소 알게 되었습니다

참으로 망각을 하였습니다
참으로 착각을 하였습니다

아버지
왜 세상이 아버지를
고개 숙인 아버지라고 말을 하는지
지금에서야 잘 알게 되었습니다

죽어서야
아버지의 사랑을 알게 되는
자식을
용서해 주세요

당신을 사랑합니다
아버지 저는 불효자식입니다.

내 안의 혁신

세상의 혁신을 꿈꾸는
그대에게

먼저 내 안에
바꾸어야 할 나쁜 버릇이 없는지

진부한 낙관과
부정적인 생각은 없는지
요행을 바라며
줄 대기를 하고 있느라
세월을 보내고 있는 것은 아닌지

나 자신의 영예를 위해
사회를 이용하고 있는 것은 아닌지

있다면
그것부터
바꾸기를

그것부터 혁신하지 않고는
당신의 세상 바꾸기는
실패로 돌아가며

더 많은 사회의 문제를 키워
다른 사람이
공의롭게 시작하는

사회 혁신을
어렵게 만들기 때문입니다.

능동적인 자신이 주인이다

소극적인 자세는
누군가에게든
지배를 받게 된다

그것은
서로 돕는 공동체의
문화가 없고
리더가 없는
아주 작은 마을과 같다

작게 생각하고
작게 길을 만들어 가는
언제든 발에 밟히는
조약돌과도 같다

작은 마을에서

큰 포부를
키울 수는 없다

작은 마을에서
영웅은 출현하기 어렵다

그러나 마을은 작아도
능동적이고 큰 생각을 가지면
세계를 지배할 영웅이 나온다

당신이 소극적이면
그것부터 버리는 것이 옳다

당신이 좀 더
큰 포부를
원하는 사람이라면
더욱 그러하다.

운다고 바보가 아니다

운다고 바보가 아니다
즐거운 일이 있을 때
웃지 못하고

슬퍼해 줄 수 있을 때
같이 슬퍼해 주지 못하는
세상이 된 것은

그대가 슬픈 일이 있을 때
울지 않기 때문이다

눈물은 영혼을 적시고
메마른 시야를 적셔 준다

눈물은 자신에게 바치는
고귀한 언어와 같다

메마른 세상에 헌사하는
선물이며 단비와 같다

메마른 들판에 빗물이 다가와
손짓하고 어깨동무를 하면

들판은 비로소 웃음을 자아낸다
그것은 자신이 키우고 있는

꽃들과 풀들이
비로소

몸을 적시고 서걱거리는
자신의 몸이 윤택하게 푸른 빛을
발하게 할 수 때문이다

들판은 이름 모를
풀들과 꽃들을 양육하는
어머니의 자궁과도 같다

그들은 하늘이 울어야
몸을 씻고 싹을 틔운다
그리고
메마른 먼지로부터
자신을 보호하게 되는 것이다

사람은 어떠한가!
사람도 울어야 메마른 영혼이 싹을 틔운다
따스할 때 따스해진다

메마른 세상은
따스하게 바라보는 시야를
잃어버렸기 때문에 그리된 것이다

우리가 잃어버린 것은
눈물이었다

울어야 할 때 울지 못하는
너와 내가 늘어나면서
세상은 메말라진 거다

누구의 책임은 아니다
우리 모두 같은 모양이니까

어느 누구에게
책임을 묻는다면
그 또한
너와 나의 책임이다

우는 그대를
바보라고 말하는 것은

우는 모습이 보기가
좋지 않다고 느끼기 때문이다

그러나
우는 그대만큼
아름다운 모습은 없다
멋진 남자가 없다

그것은
지금 우리에게 희망이다

그것은
지금 우리에게 의지처이다

우는 모습을
아름답게 바라보는 사회가
미래가 있는 삶이다

보기 흉하게 바라보기보다
얼마나 힘들었으면
저리 울까!
생각해 보는 것이 먼저이다.

갈망해야 싹이 튼다

모든 일에서 갈망하라
원하는 게 있다면
오직
조석을 가리지 말고 갈망하라

눈을 뜨고 나서
눈을 감을 때까지
갈망의 불꽃을 펴라

가슴속이 꺼멓게 전소되고
타고 들어가는 것들 속에서
아사의 비명이 터져 나올 때까지

갈망하라
갈망이 불이다

현존하는 것들 속에서
자존감이 넘치는 이상이다

그대 인생의 언덕에 돋아난
가시넝쿨과 부정의 잡신들이
태우고 또 태워져서
하얀 재가 되고

갈망의 터전에서
행복의 잔치를 열어갈
온갖 야자수 열매와
산해진미 들이 올려질 때까지

그대가 인생의 주인으로
등극할 때까지

그대 생각하는 끝
마음먹은 신념의 끝

그곳에 당당히 도달할 때까지
갈망하라

그래야 싹이 돋는다
그래야 싹이 튼다.

자신을 혁명하라

비린내 나는 역사의 강을
혈기로 무장한 채 건너가는 그대여!

꿈꾸던 역사의 순애보를 잊었는가!
참다운 빛 진리의 재단 앞에

열기로 뜨겁던 그대의 지성은
광장 어디로 숨어들었단 말인가!

다가오지 않은 미래의 주인으로 만족하고
그대 현재의 권좌를 버렸는가!
소망을 버렸는가!

일촉즉발의 부조리한 전야제는
서서히 팽창되어 가고
개혁을 깃발을 높이 들고 외치던

그대 빛나던 정의의 눈빛은
안일의 안대로 가려 버렸는가!

그대 어이 잊었는가!

순백의 치맛자락 오역의 잔치로
흙탕물이 되어 버린 폐수들
풍요가 버려 놓은 잿더미
상처받은 도심의 잔해들

강은 흘러가면서 정화를 시키지만
역사의 강은 흘러가면서
더욱 색채가 짙은
부조리를 잉태하고 있다

도도한 생의 다리를 건너가는
그대여!

세상을 향해 마땅치 않다
외치지 말고

자신의 부조리를 목격하고도
항거하지 않는
그대 자신을 혁명하라

넘어질 때 아픔을 느껴라

넘어짐이 많은 세상이다
걸음마를 배우려 넘어지는 것은
상처를 동반하지 않는다

직립 인간이 되기 위해
관통해야 하는
마땅한 넘어짐이다
기쁨의 넘어짐이다

그러나

세상 유랑을 할 때
넘어짐은
영혼의 잔디 속에 벌건
상처를 남기게 된다

오색 저고리 연가를 부르며
푸르른 창공에서 그네를 타고
유성이 춤을 추는
하늘을 날아올라
사랑의 거문고를 치던 날들이
가슴에 벗한 사랑이 식어

밀어를 속삭이던 서로에게
이별의 가시를 쏘아대는 날

넘어짐은

슬픔의 향기 옷에 젖어
눈물로 백양목 옷을 지어 입을 만큼
아픈 넘어짐이다

한우리 틀을 짜서 서로 손을 잡고
얼싸둥둥 살아가는 정을 나누던

친구라는 뭇사람에게
마구 난사되는
배신의 총탄을 맞고
힘없이 쓰러져야 하는 넘어짐은

생의 의욕이 마당에 뒹굴고

살아야 하는 이유가
깨알같이 분해되어

단 하루도 살아가기 힘든
넘어짐이다

그때
우리는 세상을 알아가는
수업을 받는 중이다

그것은 학교라는 이름이
아닌 인생 대학이라는
이름으로

우리가 진정한
자신의 정체성을 찾고
삶의 역경이 굽이친다 해도
고난의 등대를 버리고

의연히 한세월을 웃으면서
담대히 살아 낼 수 있는
의연함을 선물로 받는
고귀한 경험이기 때문이다.

힘껏

무슨 일이건
최선을 다했다는 말이

그대 가슴속에서
힘껏
바깥으로 뛰어나오지 않는다면

그대가
마주한 과제물과

뜨거운 열애를
안 했다는 증거이다

해야 할 일을
제때 하지 않았던가!

주어진 책임을
치열하게 하지 않았던가!

여백이 없이
최선을 다해 살았다면

난 최선을 다했어!
이런 말이 가슴속을
박차고 튀어나온다

이 말이
힘껏

매 순간
튀어나오도록

오직 최선을 다하라.

자신에게 휴식을

자신에게 휴식을 주라
멈추는 곳에 열망이 피어오르고
나아갈 수 있는 에너지가 고여 든다

기름이 바닥인데
자동차가 달려갈 수 없다

충전이 떨어졌는데
통신을 할 수 없다

휴식을 위해 멈추는 것은
멈추는 것이 아니다

더 멀리 날기 위해
잠시 숨을 고르는 것이다

우리에게는 달려가는
마음도 중요하지만

잠시 멈출 수 있는
여유도 필요하다

휴식도 없이 일하는 것은
일하는 것이 아니라

건강과 인생의 계획에
심각한 차질을 빚는 것이다

휴식하면서 인생의 자동차를 운전하면
사고가 나지를 않는다

그러나

휴식 없이 일만 죽자고
한 사람은

반드시 당장은 아니더라도
노후의 나중 삶이

자신이 원하지 않은
불행들로 가득 차게 된다

인생은 롱런 게임이다

노동
건강
설계
행복

이 모든 것이 건강하게
긴 여정의 게임을 완수하려면

휴식은
절대 함수이다.

흔들리는 것에
두려워하지 말라

파도 없는 바다를 항해하지 마라.

들판의 꽃이 없으면 벌이 날아오르지 않는 것같이 그곳은 그대가 맞서 싸우고 벗으로 삼아야 하는 고난이라는 친구를 만날 수 없기 때문이다.

당신의 영혼이 성장하는 밑거름은 바로 진동까지 동반하는 흔들림이다.

화려함은 자신을
일으켜 주지 않는다

자신의 인생을 화려하고 멋진 것으로만 치장을 하려고 하지 마라.

때로는 해진 옷이 가는 길의 장애물을 피하지 않으며 장대비가 내리는
길도 멈추지 않고 길을 갈 수 있기 때문이다.
다양한 인생의 맛

필요한 것을 얻는 것만이 인생이 아니라 필요한 것도 내려놓을 줄 아는
게 인생이다.

맞서 싸우는 용기를 위해

걱정 없는 인생은

후일에 작은 시련이 다가오면

당황하거나

시련에 맞서지 않고

도망치는 자신을 보게 된다.

과정이 중요하다

성공은

결과에만 있지를 않고

과정에도 존재한다.

그리고 성공은

위대한 과정에서

씨를 뿌리고 열매를 맺는다.

원망

원망은
현실을 개선하지 않고
언제나 물꼬를 막아선다.

그것은
우리가 양육해야 하는
희망을 구박하는
계모와 같은 것이다.

가장 어려울 때
최선을 다하라

최선은

최상을 최고를 얻게 한다.

주어진 조건 속에서

최선을 다하는 것은

후일에 갖게 된

성공이라는 가치를 격상시키는

최선의 방안이 된다.

실패의 분석

뜻대로 안되는 것이
실패가 아니라

미리 겁을 먹고
아무런 일도 하지 않으려는
소심함이 실패가 된다.

대인

대인은
일의 결과에 치우치지 않고
과정을 중시한다.

모든 일은 쌓이면 터지고
시간이 지나면 열매가 된다.

때가 이르지 않은 것이지
노력에 맞는 결과가
준비되지 않은 것은 아니다.

씨

부정적인 생각은
성공이라는 열매를
맺을 수 없다.

부정적인 생각은
실패를 열매 맺는
씨이기 때문이다.

시도

도전하지 않는 자는
젊은이라 말할 수 없고,

새로운 세계를 꿈꾸지 않는 자는
미래의 주인이라 말할 수 없다.

젊음의 가치는
끊임없는 도전과
시도에 있기 때문이다.

성공의 크기

세상이 나를 위해 준비한 것이
작다고 생각하는 사람이
결국 성공의 크기도 작은 법이다.

그보다는
내가 세상을 위해 준비할 것이
많다고 생각하는 사람은
성공해도 크게 성공을 한다.

젊음의 가치

당신이 잃은 것 중에
가장 큰 것이 무엇이냐고
내게 물어본다면

바로
여러분이 가지고 있는
젊음이다.

답변

당신은 지금 무엇을 하고 있는가!
그리고 당신이 하는 일이 역사에 유익을 주고 있는가!

이러한 질문에 망설이지 않고
바로 답변을 하는 사람이라면
당신은 이미 성공이 정해진 사람과 같다.

답을 내리는 사람

질문하는 사람이 아니라
질문에 답을 해 주는 사람이 되어야 한다.

실패한 사람들은 언제나
질문만 할 줄 알지
답을 해 주는 일은 잘하지 않는다.

알바 학문

여러분이 열심히 알바를 해서
돈을 버는 것보다
그 시간에 학문을 연구하는 것이
더욱 유익하지만,

자신이 하는 일을
주인 의식을 가지고 한다면
현재의 노동은
어떠한 연구보다 질이 좋은
학문이라고 할 수 있다.

참다운 스승

자신에게 좋은 영향을 주는 것은
언제나 자신이다.

자신에게 좋은 영향을 주는
자신을 가지려면 자신을 아는 일에 관해서
끊임없는 연구와 절제의 미덕을 키워야 하며

오늘보다 더 나은
자신의 역량을 키우기 위해
노력을 아끼지 않아야 한다.

앞만 보고 달려가기

능력이 있고 없음에 남들과 키재기를 하여
시간을 낭비하지 마라.

상대적으로 비교되는 자신은
발전이 더디다 묵묵히 자신이 설정한 목표와
교제를 하면서 앞으로 나아가는 것이
성공에 필요한 덕목이 된다.

행복한 성공

많이 갖는 것을 성공이라고 말하지 마라.

그러한 성공은 우리를 행복의 단계로 격상시키지 않는다. 행복과 마주하지 않는 거라면 많이 가진 것을 성공이라고 규정할 필요가 없다.

행복하지 않은데 그러한 성공을 한들 무엇하랴. 우리는 행복하기 위해 살아야 한다. 그것이 비록 덜 가진 결과를 앞에 둔다고 하더라도 우리 각자가 행복하다면 그것이야말로 진정한 성공이라고 말할 수 있다.

미루면 밀린다

현실의 어려운 문제라고 미래의 시간에 던져 놓지 마라. 다가오는 미래는 과거의 숙제를 푸는 시간이 아니라 새로운 미지의 세계를 개척하는 시간이기 때문이다.

앞에 놓인 일을 미루면 결국은 일에 밀린다. 나아감의 기본은 앞에 놓인 일을 미루지 않고 처리하는 데 있다. 바로 이것이 미래를 열어가는 대응력이다.

오늘 해야 할 일을 미루면 반드시 미래를 열어가는 동력을 잃게 된다. 오늘 할 일의 마무리는 내일의 시작이다. 미래가 불안하다면그대는 분명 오늘 해야 할 일을 뒤로 미룬 것 때문이다. 미완의 숙제로 놓아 둔 상태에서 미래를 맞이하고 있다는 증거이다.

당신의 미래는 점점 불안해질 수밖에 없다. 분산된 정신과 감정으로는 미래를 읽는 눈은 어두워진다. 미래는 오늘의 연장이 아니라 새로운 도전이다.

현실에 안주한다는 것은 현실의 개선 능력을 상실감에 빼앗기고 살아가고 있다는 것이다. 오늘보다 나은 미래를 갈망하고 있다면 오늘에 충실해야 하는 의무는 당연하다. 성공의 타이밍은 얼마든지 조정이 가능하다.

오늘 해야 할 일을 미루는 습관을 버리지 못하는 한 다가오는 또 하나의 미래는 개선되지 않는 오늘이다.

진정한 친구

얄궂은 운명이 그대의 하루를
참담한 기분에 휩싸이게 하고
놓인 현실을 서글프게 만들어 버릴지라도
진정한 친구가 되는 것은 바로 그들이다.

그들은 우리를 기쁨에 취하게 하는
즐거운 일들 보다 더
오랫동안 삶을 충만하게 만들고
위기를 벗어나는 친구가 되어 준다.

행복의 견인차

성공하기 위해 바쳐진
노력하는 시간 속에서
동시에 행복을 갖지 못했다면

성공한 이후에도
그대는 행복을 가지는 데
상당한 시간을 바쳐야 한다.

무슨 일을 하건 그 일을 하는 시간에
행복을 느껴야 그대의 성공은
완숙한 성공이 된다.

맞춤형 행복

성공한 사람에게서 배우는 것이
성공을 얻는 데는 더 유익하지만

성공한 사람에게서 행복한 삶을
살아가는 방법까지 얻고자 한다면
그것은 오류로 끝나게 된다.

자신의 행복은 오직 그 자신만이
설계가 가능한 일이기 때문이다.

남용금지

나침판을 사용하면
처음에는 길을 잃어버리지 않고
길을 찾아가지만,

나침판을 잃어버리고 나면
길을 잃고 골짜기에 갇히고 만다.

그래서 자신이 아닌
다른 도구나 타인의 도움으로
길을 가는 것에 대해서
의존도를 높이는 일은 삼가야 한다.

성공은 한 계단을 오른다

순간에 성공하면
반드시 실패하게 된다.

성공은
순간에 도달하는 언덕이 아니라
오랜 시간과 경험을 통해서
도달하는 계단과 같다.

점수 아끼지 마라

실패를 거듭하는 대다수는
자신의 가치에 대해서
후한 점수를 매기지 않는데

이러한 행동이 많이 쌓이다 보면
어느새 실패의 자리에
서 있는 것을 발견한다.

자신에게 후한 점수를 주지 않는데
남이 나에게 후한 점수를 줄 리가 없다.

설령

평소 안된다는 생각을 하고 그러한 말을 즐겨 하는 사람은 능히 자신의 능력으로 할 수 있는 일이 앞에 와서도 안 된다고 포기를 하게 된다. 그래서 "안 돼."라는 말은 함부로 해서는 자신의 인생에서 좀처럼 승기를 잡는 기회를 맞이하기 힘들다.

하면 된다는 말이 왜 명언인가 하면, 하면 된다고 하면 인간의 모든 가능성이 된다는 쪽으로 재편이 되어 능률적인 사람으로 만들어 버리기 때문이다.

자신에게는

자신을 속이면서까지
영화를 누리는 일은 하지 마라.

자신을 속이려고 하는 순간부터
어떠한 영화도 잠시 편함을 제공할지라도
불행을 양육하기 때문이다.

불안이여 안녕

다가오는 미래를 불안하다고 하는 사람은
현실에서도 불안을 떨치지 못한다.

미래를 불안으로 생각하는 한
어떤 미래도 자신에게 닥친 현재를 개선할
아무런 방안도 용기도 가져다주지 않는다.

미래를 설렘으로 맞이하라
현재가 불안하다고
미래를 불안하게 보는 것은
현재를 불안한 상황으로
스스로 몰고 가는 어리숙한 행동이다.

부족한 것이 경쟁력이다

오늘은 언제나 부족하고
덜 채워진 상태가 되는 것은 많다.

그래야 그대에게
미래의 시간을 가져다가
현실을 개선하는 에너지로 활용하는
동기가 되어 주기 때문이다.

보석은 마음가짐에 있다

그대에게 필요한 것은
단지 많은 물질이 아니라

절망적인 상황에서도 슬기롭게
자신을 이겨낼 수 있는 담대한 마음이다.

이러한 담대함은 세상의 어떠한 물질보다도
가치가 있고 소중한 내면의 보물이다.

익숙한 것에 취하는 순간부터 나약함이 나오고
현실에 안주하려는 나태함이 생겨난다.

도구

꿈은

과거의 시간과 미래의 시간을

엮어서 하나의 새로운 가치를

창출해내는 도구와 같다.

실패는 성공보다
귀중한 자산이다

많은 사람이 성공을 향해 가지면
모두가 성공의 문에 도달하지 못하는 것은
성공을 향해 가는 지도를 잘못 그렸기 때문이다.

지난 시간에 발목을 잡히는 것은
들판 길을 걸어가다가 늪에 빠지는 것같이
허망한 선택이 되고 만다.

지나간 시간을 놓아 주는 훈련을 했을 때 비로소
다가오는 미래의 시간은 특별한 운명을 만들어 가는
값진 시간 여행이 된다.

예비

잃어버릴 것을
예비하는 것이

가진 것을 지키는
올바른 방법이다.

일에 대한 절차

선택은 신중하게

과정은 신속하게

결과는 공의롭게

난세의 영웅

난세의 영웅이란,

어지러운 세상에서
태어난 자가 아니라

어지러운 세상을
바로 잡은 자를 말함이다.

사랑의 절차

먼저 불꽃처럼 자신을 사랑하라.

그대를 사랑하는 불꽃이 타오르지 않는다면
그대는 누군가를 사랑할 수 있는 불꽃을
지필 수 없는 사람으로 전락하고 만다.

자신을 사랑하는 일은 그만큼 소중하고 값진 일이다.

훈장

사랑하면서 당신의 영혼이 상처를 받았다면
특별하게 후회를 하면서 상처에 머물 필요는 없다.

사랑을 통해서 아픔의 훈장을 받을 수 없다면
그만큼 자신을 성장시킬 수 있는 수업은 없기 때문이다.

자신에게 하라

성공하기 위한다는 명목으로
자신에게 가혹하게 하는 일은 삼가라.

배가 항만에 정박할 때는
천천히 움직이듯이
성공이라는 배가 부두에 정착하려면
여유가 필요하기 때문이다.

실수는 관대해도
실패에는 관대하지 마라

요행

시간의 가치를 함부로 대하고 사용을 하는 사람은
반드시 요행을 바라는 쪽으로 인생관이 바뀌게 된다.

자신이 사용하는 시간이라고 해도
사용 요금을 내고 사용한다고 가정해 보면
현재 우리에게 남겨진 시간이나 살아온 시간이
얼마나 소중하고 값진 것인지를 알게 된다.

쉽게 얻으려는 자는
자만으로 실패하는
확률보다 더 높다

머물지 않는다

자신의 밭에서 추수하지 않은 곡식을
자신의 창고에 갔다가 놓는다면
자신의 곡식이 아니듯이

노고 없이 쌓아 두는 재화는
결국 이른 시간 내에
자신의 곳간을 떠나가고 만다.

원투 스트레이트

젊을 때 한탕 승부를 보고 나서
젊은 날을 여행이나 다니면서
즐기겠다는 젊은이들이 늘어나고 있다.

그러나 성공은 한방이 아니라
원투 스트레이트라는
과정을 거쳐야 할 수 있다.

교제

말 없는 인생이라고 하더라도
진실하게 교제하라.

그대의 인생도
그대가 마음먹기에 따라서
결과를 가져다주기 때문이다.

위대한 인생

위대한 인생을 살아가려고 한다면
먼저 위대한 꿈을 정하라.

위대한 꿈을 꾸는 자는 위대한 행동을 한다.

위대한 꿈이란
꿈을 꾸던 순간부터 죽는 날까지
변하지 않고 이어지는 꿈을 말한다.

한가지의 꿈을 정하고 달려가는 자의 인생이
위대해지지 않을 수는 없다.

불행의 잣대

실패가 인생을
불행하게 하는 것이 아니라

잘못된 성공이
인생을 불행하게 한다.

행복한 이유

꿈이 작다고 불행하지 않고
꿈이 크다고 행복하지 않다.

우리를 불행하게 만드는 것은
꿈의 크기에 따라서 성공의 기준으로
삼아 나가는 고정화된
우리 각자의 기준이 문제인 것이다.

배움에 익숙한 자가
가리킴에 능숙해진다

연습이 없는 인생

호신술은 연습하는 도장이 있으나
인생은 연습하는 도장이 별도로 있지를 않다.

인생은 단 하루도 긴장하면서
살아야 하는 실전이다.

사라진 위대한 젊음

나라의 안위를 걱정하고 국가를 위해서 무엇을 할 것인가! 고민하면서 거리를 나가 고함을 치던 젊은이들은 이제 없다 그 대신 나라가 자기를 위해 무엇을 해줄 것인가를 기다리고 보채면서 시간을 보내는 젊은이들이 넘쳐나는 세상이 되었다.

나는 이미 우리의 미래는 골병이 들었다고 생각을 하게 되었다.

젊은이여! 다시 그 시절로 돌아가라. 받는 것에 환희가 없고, 대가 없이 받는 것을 기다리지 않으며, 오직 나라의 안위와 자유 민주 평등 세상을 꿈꾸며 목숨도 초개와 같이 던지던, 장렬하고 위대한 시절로 돌아가라.

국가를 위해 고민하던 사색의 시절로 개인의 인생이 중요하지만, 역사의 가치와 공의로운 가치를 찾아 가치의 부활과 변화를 중요하게 생각하던 그 시절로 돌아가라.

풍요 속의 나태를 즐기지 말고, 정보 시대의 아바타 인간이 되지 말고,

어머니의 모유를 빨아 먹듯이 국가의 예산을 노리는 하이에나가 되지를 말고, 국가가 어려울 때 생활이 어렵다고 손을 내미는 울보가 되지를 말고, 민족의 장래를 생각하며 떼쓰던 그 시절로 다시 돌아가라. 현실에 타협을 즐기고, 정치 이념의 아류에 줄 서기로 눈을 밝히는 그런 모습 이제는 거두어라.

바라는 것만 요구하고 생각하는 젊은이들이라면 머지않아 국가의 장래는 장례가 되어 버릴 것이다.

시절에 맞는 옷을 입지 않고 외출을 나가면 정상이라고 말하기 어렵고, 정치에 줄 서기를 하고 입신출세만을 생각하는 젊음이라면 미래가 밝다하지 않을 것이다. 개인의 힘겨움을 말할 수는 있으나, 국가의 장래도 당당하게 말할 수 있는 젊은 그대들이 지금보다 많았으면 한다.

인간은 답 속에 놓여 있지를 않고 문제 속에 놓여 있으며 결과 속에 있지를 않고 과정 속에 있다. 완결은 죽음 속에 있다. 인생은 미완의 시작에서 떠나는 여행이다.

잘해도 칭찬하고 못해도 칭찬하라. 잘하면 더욱 잘할 것이고 못하면 곧 잘할 것이기 때문이다. 칭찬은 잘할 때만 하는 것이 아니다. 잘할 때까지 훈련을 시켜 주는 교육 수단이기 때문이다.

앞을 잘 못 보는 사람보다 자신의 인생을 살피지 못하는 사람에게 불행의 열차는 빨리 출발을 한다.

청춘은 왕이다

그대 시대의 아침에 무엇을 하고 있는가!
주어진 조건에서 찬바람 불어닥친다고
고개를 숙이고 있지는 않은가!

태어난 환경이 부족하다고
부모를 원망하고
환경을 탓하고 있는 것은 아닌가!

오늘날의 시대가 젊은 그대에게
희망을 주지 않고
미래를 불안하게 맞이하도록
위기의 시대를 만들었다고
국가를 향해
손가락질과 비난을 하고 있지는 않은가!

사회와 기성 세대가 자신들에게 무관심하다고

고개를 돌리고 살아가지는 않는가!
스스로 벽을 만들어 놓지는 않았는가!

묻고 싶다

그대는 시대가 위기 속을 걸어갈 때까지
국가를 위해 무엇을 했는가!

원망의 탈춤을 추기보다
능동적으로 나아가
백년지대계의 국가 건설을 위하여
어떤 제안을 했는가!

아픈 역사를 위해
목마른 역사를 위해

냉수 한 컵이라도 들고 가서
메마른 역사 앞에 목을 적셔 준 적이 있는가!

숱하게 넘어지던 역사의 숨결 위에
나라 사랑하는 마음을 담아
뜨거운 입을 맞춘 적이 있는가!

새 역사의 진영을 갖추기 위해
수많은 애국지사가 바친

국가에 대해서

사랑을 위해
헌신을 위해
희생을 위하여

고민의 등불을 밝히고
사색의 날개를 펼쳐 보인 적이 있는가!
국가의 마디마디
삼천리 반도 곳곳에서
통렬한 절규를 쏟아 놓으며

땀 흘려 새벽길을 걸어갈 때
그대는 그들과 함께
걸음을 옮겨 놓은 적이 있는가!

손을 잡고 함께 위대한 국가를 위해
애국의 찬가를 목청껏 부른 적이 있는가!

위기의 전선을 넘나들면서
국민의 행복과 안위를 위해서
고민의 낱알을 부화하고 있는

산업 전선을 지키는 아버지의 땀방울을
기억하고 있는가!

그 고귀한 땀방울의 맛을 본 적이 있는가!

현실 참여는 하지 않은 채
내가 하지 않으면 남이 하겠지 하는 생각으로
방관자의 대열에서 숨어 지내지는 않았는가!

국가가 어려울 때
자신의 안위를 생각하기보다
국가의 장래를 걱정하면서

숨이 가쁜 역사의 심장에
그대 고결한 애국의 숨결을
이식시켜 준 적이 있는가!

역사의 마당에 나아가
먼저 나라를 살리고 보자
함성을 지른 적이 있는가!

이웃의 아픔과 빈안함이
향을 피워낼 때

이웃의 불행이 차고 넘쳐서
그대 영혼의 담벼락을 타고 오를 때

그대는 그 향기를 맡아 본 적이 있는가!

눈물의 창가에서
슬픔의 도장에서
허기진 육체를 간신히 의탁한 채

온종일 절망의 노래를 부르고 있는
이웃의 친구에게 다가가
그들의 아픔을 어루만지며
용기 있는 말을 주고받은 적이 있는가!

그 자리를 지키고서
떠나지 않은 적이 있는가!

그들과 함께 희망의 노래를 만들어
새벽이 가고 해가 중천에 떠오를 때까지
부른 적이 있는가!

가진 것이 부족하고
배운 바가 부족하고
넘치는 적 없이
언제나 부족한 채로
이어지는 삶 속에서

한숨으로 날을 세우지 않고
주어진 조건 속에서
위기를 기회로 만들고

절망을 희망으로 만드는 일을
시도해 본 적이 있는가!

그대 새벽은 사금을 캐는 시간이고
그대 앞서 달려가는 역사의 참여는
그대 인생의 황금기를
성공으로 만들어 가는
비책을 얻는 시간이다

부정적인 생각의 아류로부터 벗어나
긍정의 신화를 써 내려가야 하는 시간이다

지금 그대는 할 수 없다는
생각의 포로에서
할 수 있다는 자유를 얻어야 한다

그것이 진정한 해방이고
지금의 위태함을 위대한 시간으로 만들어 갈 기회가 된다

이제 관망에서 참여를
무관심에서 관심이라는 씨앗을
그대의 지성에 심어야 할 때이다

부족한 것은 언제나 우리의 인생에 큰 영향을 미치지 않는다
부족한 환경에서

국가가 나에게 무엇인가를 해줄 거라는
구걸의 생각을 하는 순간이 바로
그대가 체험해야 하는 가장 큰 위기가 된다

그대여!
이제 일어나라

요구하는 자세에서
주는 자세로
만들어 주겠지 하는 생각에서
스스로 능동적으로 만들어 가는
사람이 되자

우리의 인생은 언제나 미완의 상태로 남아돈다
부족한 것은 길을 가다 보면 채워지고
우리는 머지않아 금빛 찬란한 언덕에서
생의 축제를 들리라

청춘은 왕이다

그 젊은 시절은 생애 최고의 면류관이며
우리가 도달하고 성취해야 하는
어떤 시절보다 위대한 시간이다

누구나 좌절의 쓴맛을 보면서 길을 간다

찬란한 빛이 어우러지는
대지의 형기를 벗하면서
길을 걸어가는 사람들은 많지가 않다

그들이 어깨를 펴고
당당하게 걸어갈 때까지
인생에 불어오는 바람을 맞서 싸워 온
시간의 기록들이 즐비하고
위기 속에서 수 없는
상처를 받고 쓰러지고 넘어진
흔적들을 품고 있는 것이다
영혼이 숨을 쉴 수 없을 만큼
그들은 피곤한
시간을 보내고 마주한 것이다

한때의 영광을 위하는 것이 아니라
인생이 행복한 여정이 되기 위해서
우리는 지금의 힘겨운 시간을
애정 어린 마음으로 받아들이고
승화시켜 나가야 한다

삶이 전쟁이라고 하지만
삶은 여행에 가깝다
한번 와서는 두 번 다시 만날 수 없는
생명 창조의 광휘로운 기억들

우리는 너무나 많은
축복을 받은 존재들이다

꿈을 꾸어 실현해 나가는 동안
아픔이 가슴을 짓누르고
슬픔과 허망함이
그대 영혼을 찾아와
밤새 비명을 지를지라도
그대는 아름답고
가능성이 넘쳐나는 청춘이다

아픔에 부족한 현실에
포로로 잡혀 황금기를
좌절 속에서 보내기에는
너무나 소중하고 빛나는
시간 속에 달려 있는 잘 익은
열매와 같은 존재들이다

역사에게 구걸하지 말자
다가오는 우리의 시대가
풍요를 보장한다는 말을 기다리지 말자

만들어 준 것에 때를 기다리지 말고
우리 스스로 때를 만들어 가지
기회를 창조해 나가자

인생은 끊임없이 재편되고
변화를 거듭하는 생물과도 같다
우리는 때때로 절망의 그늘 속에서
쉬기도 하고
그들이 제공하는 쓴맛의 빵을
먹어보기도 해야 한다

빗물로 배를 채우고
허기진 배에 주문을 외우면서도
과제를 완수하고
주어진 것에 감사하며
주어진 언덕의 길을 가야 한다

우리에게 없는 것이 부조리가 아니라
없는 것을 탓하는 것이 부조리요
우리에게 부족한 것이 흉이 아니라
부족하다고 아무런 일도 하지 않는 것이 흉이며
우리에게 넘치는 것을 발견하지 못하고
탄식과 부정적인 생각으로 살아가는
우리 자신들이 개선해야 하는 문제점이다

세상은 화려한 장식물이 아니다
세상은 행복한 도정은 아니다

그러나 우리는 그 속에서

행복을 가질 수 있는 권리와 기회가 있다
바로 그 점이 우리의 시절이
아름답고 위대하다고 말할 수 있는 이유가 된다

위로가 필요한 그대들에게 용기의 철학을
준비하라고 역설하는 것은
그대가 삶을 살아가면서 큰 위기와 마주할 때
바로 이러한 생각들이
위기를 쉽게 넘어설 힘이 되어 주기 때문이다.

능동적인 생각의 결정은
위기의 치료제와 같은 것이다

기성 세대의 한 사람으로서, 교육자로서 여러분이 미래를 아프고 불안하게 들여다보게 만든 일에 대해서 미안한 마음을 먹지 않을 수는 없지만, 현재의 난관뿐 아니라 미래의 희망까지 이러한 문제를 풀어 나가는 것은 어른들만의 책임이 아니라 우리가 모두 함께 달려나가 손을 잡고 힘을 보태서 풀어가야 하는 공동의 과제라고 생각합니다.

여러분은 방관자가 아니라 참여자의 입장에 서야 합니다. 난관을 스스로 벗어 나가는 흔적이 없이 어떻게 미래의 주인으로서 개척해 나갈 수 있겠습니까? 고난이 우리를 아프게 하고 우리가 모아서 간직해 놓은 용기와 희망을 무력화하는 것이 사실입니다.

그러나 언제나 우리에게는 위기를 벗어날 기회와 방안이 준비되어 있기에 인생은 살만한 물가요 살아 볼 만한 가치가 있습니다. 지금 우리에게 가장 필요한 것은 우리가 그토록 원하는 풍요한 결과가 아니라 마음속에서 꺼지지 않은 소망과 담대한 꿈입니다.

나는 여러분이 엄혹한 좌절의 공간에서 벗어나 끊임없이 용솟음치는 소망 가운데 거하기를 염원하고 있습니다.

밀리면 넘어지고 포기하면 쓰러집니다. 세상이 자신의 설계대로 돌아가지 않는다고 해서 부정적인 생각에 머물지 말아 주세요. 우리 각자에게 세상을 바꾸어야 할 문제가 놓여 있다는 사실은 우리에게는 기회가 되고 희망이 되는 것입니다.

우리의 배운 지식과 능력을 사용할 수 있는 세상이 되었다는 사실 앞에서 참담한 기분에 빠져 있을 것이 아니라 역사의 문제 앞에 개선해야 할 과제 앞에서 자리를 뜨지 마시고 달려가기로 합시다.

정체는 죽은 송장의 시체와 다르지 않습니다. 활동은 일을 만들고 도전은 과정을 위대하게 만듭니다. 이제 여러분이 나서야 합니다. 개인의 소아적 허상에서 공동의 이익을 구하고, 공의의 깃발을 높이 들고, 개인과 국가 역사의 성공을 위해서 들판의 바람으로 변화를 시도해야 합니다.

내가 사랑하는 사람은
바로 당신입니다

나는 당신이 어떤 위치에 있고
어떤 일을 해 왔느냐를 묻지 않습니다

자신이 입은 겉옷으로 떨어지는
빗방울을 막을 수 있는 시간은
극히 찰나에 불과합니다

그리고 어느 정도의 시간이 지나서
당신과 나의 속옷을 적시는 것도
바로 당신의 겉옷입니다

그렇습니다
내가 나를 치고
내가 나를 넘어뜨리는 주범입니다

내가 입은 겉옷은 당신이 거쳐오면서

가지고 있던 오만입니다

화려한 치장일수록 시간이 지나면서
당신을 외롭게 하는 주범입니다

당신은
아무것에도 쓸모가 없는
장식을 하느라 쓸데없는 시간을
보낸 것입니다

명예도 지나치게 많으면
자신을 치는 逆이 됩니다

고운 손에 역병이 들어오고
내 것이다. 정한 사람이
먼저 이별 통보를 합니다

사람이 많을수록
외로움이 먼저 찾아오고

지붕을 튼튼하게 한 가옥이
먼저 빗물에 떠내려갑니다

화려하게 장식한 마음이라는
건축은 이제 겉치례를 줄이고

속살을 불리고 튼튼하게 하고
영향을 많이 주며 속살이 찌는
값진 삶을 살아가기 위한
준비를 진행해야 합니다

나의 가치를 넘어트리는 것도
자신이고
남의 희망을 없애는 것도
없어진 희망을 다시 찾아 주는 것도
당신의 몫입니다

이제 당신은 겉옷을 벗는
시간 여행을 시작해야 합니다

두꺼운 겉옷을 입었기에
한순간에 벗어 버리는
결단이 쉽지는 않습니다

우리의 내면은 속살이 겉살을
몰아내고 겉살이 속살이 되려는
싸움이 한창 진행 중입니다

내 몸을 깊숙이 빗물에
적셔버리기 위해서 달려드는 겉옷에
미련을 가질 필요가 없습니다

겉옷은 당신의 삶을 드높이지
못합니다

당신을 드높이는 것은
겉살이 아니라
바로 당신의 속살입니다

그런데 속살은 겉살에 가려서
아무런 시선을 받지 못했습니다

가장 먼저 세상에 얼굴을 드러내는
겉살은 처음에는 속살의 지배를 받았으나

힘이 세지고 화려해지자
겉살이 속살을 치는 상황에 직면하게 되었습니다

겉살은 의기양양해졌습니다

겉살은 나중에는 속살이라는 존재[2]는
거들떠보려고 하지 않았습니다

인간의 생명을 지탱해주는 에너지원은 사실 외적인
힘의 균형과 내적인 힘에 있습니다

---

2) 육체와 영혼이 있는데, 하나는 내적으로 응집된 영혼의 세상을 말함

내적인 가치를 분별하고
이를 자신의 생활에 실행하려는
의지가 강인한 사람은 희망이 선명합니다

유혹의 방어벽이 튼튼한 사람은
절대 자신을 보조하거나 지탱하는 힘을
외부에서 얻으려고 하지 않습니다

겉살은 속살이 견고하게 조성되면
결국은 겉살을 지키는 길이라는 사실까지
망각하는 실수를 범하게 됩니다

이제 당신과 나의 내면의 가치는 붕괴하고
우리는 그동안 금기시해 온
훌륭한 사회성을 완성할 아름다운 인간의 내면을
차단해 버림으로써
사람마다 인간미라고는 찾아보기 어려울 정도로
목적형 인간의 진화를 하게 되었습니다

겉살은 허영이 낳는 또 다른 인격의 변이입니다

겉살은 현상학적이고 형이하학적인 주제에
관심을 보입니다
결과의 크기만을 논하면서 하루를 열어 갑니다

인간의 순수 이성의 탐구 정신에 의해
도달하는 삶의 본질적인 문제에 대해서는
고개를 돌린다고 해도 과언이 아닙니다

겉살이 추구하는 삶의 속도는 무척 빠르고
다양한 정보와 새롭게 전개되는 광범위한
인간관계의 퍼즐을 맞추느라 바쁜 일상을 보냅니다

바쁜 만큼 행복한가?
질문에 대한 답은 그렇게 긍정적이지는 않습니다

그들이 세상 정보를 얻는 방법이
사람을 사귀는 방법적인 측면에서
빠르고 효과적인 것만은 분명합니다

그러나 속도 문명이
인간의 행복 속도를 줄이거나 멈추게 하지 않고
안겨 주고 있느냐 하는 것에는 회의적입니다

목가적인 여유와 낭만
그리고 가까운 곳에서 자연의 소리에
귀 기울일 수 있는 삶이
인간의 행복을 만드는 데 깊숙이 관여하고 있습니다

무한경쟁 구도, 다양한 정보 채널

폭넓은 인간관계와 소통을 통해서

현대화의 편리한 문명에서 생존하는 사람들이

정작 행복을 누리는 시간은 그리 길지 않은 것입니다

도심의 빼곡한 사각 정글은

역시나 좀 더 편리하게 살아가도록 만든 것일 뿐!

도시는 인간의 행복을 결정짓는

중대한 요소는 아니라는 사실을

다시 한번 확인하게 됩니다

좀 더 범위를 확대해서 논의해 보면

인간의 행복은 속도 문명과는

아무런 인과관계가 없다는 사실입니다

느림의 미학이라는 말들이 유행하던 때가 있었습니다

느림은 목표에 천천히 도달하는 것을 의미하기도 하고

얻고자 하는 성취의 대상을 천천히 소유 또는 획득한다는

뜻을 갖고 있습니다

마음의 여유를 갖고서

한 발자국 걷다가 보면

오히려 결과의 크기와 질은 후자가 좋습니다

급하게 달려가면 가장 눈에 띄는 손실은

평소 소중하게 여기던 가치와 가족, 친구들을

쉽게 잃어버린다는 사실입니다
사람이 목적형, 예절을 잊고 살아가게 됩니다

평상시에는 사람이 따스하고 인간미가 넘치던 분이
무슨 직책을 맡고 나서부터
비정한 사람으로 바뀌었다고 하는 소문이 자자하더라
이웃 간에 이런 대화 정도는 충분히 듣고 전달하며
살아가리라고 생각을 합니다

인간은 목적이 정해지면 발걸음도 생각도
빨라지는 것을 볼 수 있습니다

인간은 목적의 존재가 분명합니다
이러한 태도가 문제가 된다는 것은 아닙니다
우리 주변에는 어려운 이웃을 돌보는 온정의 손길이
사라져 가기 때문에
갈수록 각박해져 가는 오늘을 살아가고 있습니다

가진 것 조금 나누어 쓰는 것 못지않게
더 절박하고 간절한 염원을
나눔이 통 큰 시대를 열어 가야 한다는 생각을 합니다

목적은 세워 나가되
그러한 목적에 자신을 가두는 일은
정서 기능을 사용하지 못하는 인간으로

퇴화한다는 것을 의미합니다

주머니에 있는 재화는 나누어 사용하려는 마음을 먹지만
자신의 꿈을 나누어 쓰려는 사람들은 흔하지 않습니다
그만큼 인간은 목적을 떠나서는 살 수가 없습니다

기왕 이웃사촌으로 인연을 맺어 살아가는
우리 자신들이라도 미래의 비전을 나누어 주고
기회를 안겨 주는 통 큰 이웃사촌 경영의 기조를
세워나가시기를 바랍니다

당신의 역할은 회사에 문제가 있을 때마다
적절하고, 기민하고, 합리적인 판단에 근거한 의견을
전해 주시는 일입니다

삶의 기본적인 뿌리가 있을 것입니다
어디서 와서 어디로 가는지
적어도 살아가는 동안 자신이
얼마나 고귀한 일을 하고 있는지
주어진 조건 속에서 자신은 어떠한 결단을 내렸으며
결단 이후 그대들의 삶은 어떤 변화가 일어날 것인지는
판단하고 계획을 세우는 것이 옳다고 생각합니다

급행열차를 타고 가다가 보면
가로수와 가로등을 제대로 볼 수도 없이

스쳐 지나가는 것을 알게 됩니다

평소 가족이나 지인들을 챙기면서
인간다운 품위를 갖고 살아가려면 속도가 있는 삶보다
느림의 삶이 적합합니다

지금 그대와 나는 속도의 문명에서 살아가고 있습니다
결국은 행복한 환경에서 살아가지 못하고 있다는 사실을
증언하는 것입니다

이제 어떤 계기를 마련해서 우리는 겉살을 지우고
내적인 가치를 향상하는 삶을 살아가야 합니다

겉살이 우리의 행복을 보장해주지 않았다면
결국 불행의 주범이라고 생각합니다

우리는 점점 인간의 가식적인 상술이나
관계성에서 오는 행동에 노출되고 길들었기 때문에
더욱더 진실은 잃어버리고
인간 스스로 군중 속의 고독이라는 덫에 걸려듭니다

이처럼 당신이 현재의 시대 속에서 어떠한 위치를
갖고 살아왔는지는 크게 중요하지 않습니다

겉살을 추구하면서 쌓아온 재화와

허례에 가까운 자기 자신의 과시
무언가는 가지고 있어야
성공한 사람들의 대열에 들어설 수 있다는
불편한 성공 기준의 강박 관념은
자신이 행복해야 한다는 당위성에서
절대 평점에 반영이 안 된다는 사실을
우리는 상식으로 알고 가슴에 담아 두어야 합니다

행복을 얻는 방법에는 매우 복잡하고
신선한 기술적인 메커니즘이 내포되어 있습니다

"성공은 곧 행복이고 행복은 곧 성공이다."

이렇게 배우고 익힌 우리는
행복을 얻는 방법이 다양하다는 사실에 낯설 수 있습니다
여기서 다루고자 하는 사실은
우리는 각자가 자신에 맞는 행복을 규정하고
선택하여 행복할 수 있도록 설계되었다는 사실입니다

그런데도 우리 사회와 우리 각자는
행복하지 않다고 생각합니다
행복이 곁에 있어도
행복으로 알고 받아들이는 사람은 얼마 되지 않습니다

우리의 의식은 욕망의 잔치를 이어 가느라

바쁜 시간을 보내고 있습니다
멀쩡한 화분 안에 콩 씨앗을 넣고도
오이씨와 호박씨도 넣는다면
혼탁한 환경이 되는 것은 뻔한 이치입니다

오늘날 현대사회가 사람의 행복을 물질로 규정하는 것은
바로 찜통 안에서 행복을 추구하는 것과 다르지 않습니다
그 밭은 혼란과 갈등, 소란을 양산합니다

성공을 목적으로 길러진 인간은
사회적 경제 시스템에서는 성공을 할 수도 있겠으나
나중에는 불행해지며 그토록 갈망하던 행복은 얻지 못합니다

성공한 사람들에게서 불행한 이유가 더 많다고 합니다
성공의 가치 분열을 불러오는 반어적인 현상은
성공을 최대 목표로 삼고
그 성공은 물질의 많고 적음에 있다고 하는
이분법적인 논의의 전개에만 결론을 짓습니다

성공은 성공일 뿐!
성공의 내적 조건이 아니라 외적인 조건이 될 때
인간은 행복할 수 있는 터널을 개척해 가게 됩니다

현대 문명은 소유, 애착, 기회, 창출
경쟁 구도에서의 승리, 재력, 권력의 그늘 속에

부속물이 되어 살아갈 때
행복한 삶을 얻을 수 있는 것처럼 왜곡시켜 버렸습니다

"사람은 성공해야 합니다. 무조건 성공하고 봐야 합니다."

이 말을 주입시키고, 또 주입을 시켜 왔습니다
점점 더 행복의 다양성은 상실되어갔습니다

물질로서는 성공 한 사람들이 늘어났으나
그들 모두는 행복을 동시에 얻지는 못했습니다
그들은 적게 얻은 사람들보다 덜 행복했습니다

성공이 행복과 교감하고 소통하는 삶이 아니라
성공이 목적이 되는 사회에서의 성공은
행복과 거리가 멀다는 사실을
눈여겨볼 수 있는 대목입니다

성공이 목적이 되면
긴장과 경계와 위기 속에서 지낼 수밖에 없는데
이러한 환경 안에서 인간을 행복하게 하는 성공이
나올 수는 없다고 봅니다

한국에서의 성공은 누군가의 노고를 빼앗아야 한다는
극단적인 성공 애착의 논리가
결국은 그 자신과 사회까지

불행하게 만드는 요인이 된 것입니다

더불어서 가지 않는 성공은 언제나
반쪽짜리에 지니지 않습니다

대한민국은 관계성에서 신망을 받으면서
성공한 리더는 많지가 않습니다
그보다는 독주와 이기심 그리고 기회주의 포착으로
물불을 가리지 않고 달려온
비열한 사람들이 넘쳐나고 있습니다.
이러한 기업인은 진정한 의미에서
사회에 필요한 재원이 아닙니다

행복은 신이 인간에게 선사한 가장 거룩하며
인간의 존재 규정을 명백하게 선언한 절대 가치입니다
자연이 우리에게 준 선물은
우리 각자에게 충분히 신의 존재에게 감사의 기도를 바치고
행복할 수 있는 만큼의 값진 선물입니다

그런데도 인간이 행복의 내적인 조건에서 벗어나
행복 외적인 조건에서 오직 성공만을 향해 달려가는
비정하고 불행한 철인 야생마가 되게 한 것은
물질만능주의가 부른 영혼의 참사입니다

이제 우리 사회는 행복을 획일적으로 만들어서

모든 사람이 그 속으로 들어서기를 바랄 것이 아니라
좀 더 다양한 행복의 가치 규정을 만들어서
스스로 선택하여 행복할 수 있는
선진 문명을 이루어 나가야 합니다

사람은 무엇으로 행복할 수 있는가에 대한 질문을
원천적으로 차단하고 억제하도록 진행하는
교육 시스템을 전면적으로 수정해야 합니다

획일화된 행복의 가치는
인간이 행복할 수 있는 다양성을 차단하고
선택의 폭을 제한해 두었습니다

오늘날 대한민국뿐 아니라
전 세계인들이 행복지수가 떨어지는 삶을 살아가게 된 것은
행복의 규정과 가치 설정이 잘못되고
선택의 기준이 성공 뒤에 있는 재화의 크기!

이미 포장된 인스턴트 행복은
더욱 다양한 방법적인 측면에서
인간의 창의성을 실험하지 못했습니다

인간 내면의 가치는 물질 소유 절제
욕망의 성을 쌓는 노동력 절제
땅에서 수확하는 농산물 재화에 대한 제어 능력

그리고 인간관계에서 형성되는 조직 사회 리더 욕망
등으로 교체가 되어 있습니다

높이를 더해 닦고 쌓아 갈수록
자신의 마음이 흔들림이 없이 고요하게 하지만
겉살의 가치는 그 높이가 쌓여 가고
사회적 역할까지 확장이 되어 가는 순간
많은 부분에서 초조하고 불안하게 됩니다

그것은 겉살의 인생은 하나가 아니라
수없이 많은 욕망을 좇기 때문입니다
겉살은 작은 손실에도 촉각을 곤두세웁니다
그래서 나누는 일 자체를 생각하지도 않고
모든 대상을 경쟁의 상대로 규정하기 때문에
남을 인정하는 여유를 갖지도 못합니다

욕망이 소비가 되는 세상은 이렇게 우리 인간의 삶을
혼탁하게 하고, 행복과 동떨어지는 삶을 살게 합니다

당신이 행복하게 살았고
우리 모두가 존경하는 사람이라는 점에 대해서
나의 평가 기준은 당신이 어떻게 살아왔느냐는
그렇게 크게 작용하지 않습니다

다만 당신이

실의에 빠져 있는 친구들에게
병마 속에서 신음하고 있는 이웃에게
어떤 말을 들려주고 있느냐를
살피게 됩니다

당신은 당신의 내면에게
무슨 말을 들려주며 살아가고 있습니까?

아무 걱정 하지 마
잘될 거야!
잘되도록 노력할 거야!
세상을 비관적으로 평가하지 말게!
그건 말이야, 가장 무식한 비평가일세!

세상을 긍정적으로 변화시키는 것은
바로 당신이 주변에 들려주고 있는 말입니다

내가 사랑하고 존경하는 사람은 바로 당신입니다
지금 우리에게 가장 절실한 것은
인생의 특별한 해법이나 지침이 아닙니다
자신의 존재 가치를 알아보는 보통의 깨달음입니다
한발 더 나아가 다른 사람에게도
지속적인 깨달음을 통해서
자신에게 맞는 행복의 가치를 찾아 나설 수 있도록
동기부여를 주는 활동을 멈추지 않고 진행하는 것입니다

자신과 타인까지를 포함한 행복의 이유를 찾아 나서는
활동성이 상승하는 한,
대한민국은 불행을 치유하고
행복 찾기 자가 교육 시스템 조성 복지 사업을
전개하는 데 있어서, 일류 국가가 될 수 있을 것입니다.

내가 사랑하는 젊은 그대여!

별빛이 아스라하게 넘어지는 저녁 하늘은
모래알처럼 곱게 단장을 마치고
사랑의 모닥불로 그리움 굽고 있는
내 영혼의 창에 단비로 내려와 서성이고 있습니다

자고 나면 이별의 아픔은 망각되고
다시 잊고자 애쓴 자리에 당신은 절절히
다시 옛님처럼 내 품에 안겨 꽃으로 소생하고 있습니다

영원한 사랑 꽃 피우기 위해 꽃씨 하나 가슴 밭에 심고
어깨를 기대며 애달프게 살아가다 피다 만 꽃씨 다시 파내어
각자의 길을 가기 위해 슬픔의 구덩이를 만드는 일이
얼마나 견디기 힘든 일인지!

밤새 눈물샘 다 비우고도 모자랐는지
슬픔은 기지개를 켜고 잔물결 되어 흐릅니다

사랑의 놋그릇 붉게 녹슬어
슬픈 안개 거두어 갈 날이
어느 때인지 알 수는 없으나
그대는 아직 내 숨소리로 남아
영혼의 들창에 성근 그림자로 오롯합니다

아, 사랑하는 이여!
부르다 입술이 터져 붉은 앵두 되고
그리워하다 목메어 가슴 터지게 하는 임이여!
꿈에 고문을 당하고
성공의 목마름에 잠을 청하지 못했던 임이여!

성공하기 위해 길러진 문명의 가축
우리 속에 갇힌 그대와 나는
행복하기 위해 바친 시간 들이 너무나 길지 않은가!

성공하면 얻을 수 있다는 너
검푸른 색의 행복이여!

아직 식지 않은 사랑 한 잎 여름 바람 등에 태우고
그대 세워진 하늘가에 한달음에 달려가 와락 안기오리다

내가 살아가는 이유 못지않게
내가 행복해야 하는 이유를 찾아내는 일에
관심을 기울여야 할 때입니다

하루를 존재하기 위해

우리가 바치는 수고와 긴장이 너무나 크다는 것이

오늘날 대한민국이 가장 행복하지 않은 나라가 된 이유입니다

치열한 경쟁은 삶의 무게만 더해 줍니다

중압감은 크고 어깨를 짓누르는 부담감은

꽉 짜인 속박에서 자신을 놓아 주지 않습니다

어디를 가나 열심히 살고는 있는데

열심히 한 만큼 행복한 사람들은 드물게 만나고는 합니다

나와 그대가 살아가는 이유는 분명

삶을 사랑하기 때문이라고 말할 수 있어야 합니다

사실 넘치는 조건이 아니어도

삶을 사랑하는 조건이 결코 작은 것은 아닙니다

우리는 처한 환경보다 더 트인 다른 곳에서 또는

다른 조건 속에서 충분히 행복하도록 설계가 되어 있지만

자신의 내면에서 싹트는 생각은 행복과는

무관한 곳으로 흘러 들어갑니다

옷은 바깥에 걸려 있고 몸은 안쪽에 있는 것과 다르지 않습니다

저는 별다른 수확이 없이

과거의 시간 여행을 떠난 어제도

열열이 사랑을 했고
눈 감은 사이 다시 돌아온
오늘도 나는 사랑하며 살리라는 각오를 했습니다

어제와 오늘을 맞이하면서 한 마리 고민이라는
새가 내 두 어깨에 날아와 지저귀고
날이 시퍼런 시련이 영혼의 숲속에 숨어들어와
너를 벨 것이라 속삭일 때도

군중 속의 도톰한 고독이
삶의 여정을 빗물로 내려와
물씬하게 적셔 올 때도
나는 사랑하고 또 사랑했습니다

나는 고백합니다
어제와 오늘뿐 아니라
다가오는 미래 또한 그날이
비록 내생의 마지막 날이 된다 해도
그 끝 날을 환희의 비단을 깔고 마중 나가
뜨겁게 끌어안고 사랑할 것입니다

내가 삶을 사랑하는 것은 사랑하는 마음이 희망이 되고
사랑하는 마음이 온전히 삶을 이해하면서
천지간의 애처로운 여행을 행복하게 마칠 수 있기 때문입니다.

삶의 위로는 어떻게 얻는가!

오직 그대에게 나의 위로 한마디가 처진 어깨는 다시 서고 떨어진 삶의 의욕이 푸른 상록수 잎사귀같이 무성하게 열리며 열린 잎이 그대 인생에서 푸르게 빛나기를 바랍니다.

당신은 세끼를 먹고 땅에서 지탱하는 힘을 얻고 부족하지 않게 사회 활동을 하고 있습니다. 그러나 당신에게 필요한 영혼의 양식을 찾아 섭취하는 일에는 무관심합니다.

먼저 당신은 자기 영혼의 체질에 맞는 양식을 섭취하지 않으면 당신은 왠지 모를 삶의 허전함에서 벗어날 수 없다는 사실을 잘 알 수 있을 것입니다.

당신이 필요한 영혼의 음식은 인생을 풍성하게 합니다. 당신은 매일매일 위대한 활동을 하고 있군요. 아쉬운 것은 열심히 살아가는 건 만이 자신을 행복하게 만들지 않고 또 참다운 위로가 되지 않는다는 것입니다.

당신은 외부로부터 오는 긍정적인 말이나 칭찬 지인들이 전해 주는 힘내라는 격려의 말 기댈 수 있는 사람들의 따스한 체온 가까이서 친교를 나누는 가족 간의 유대 등을 위로의 조건으로 삼아 갈 것입니다.

그러나 그러한 위로는 얼마 가지 않아 또 다른 위로를 필요로 합니다. 지금 당신에게 필요한 것은 때에 따라오지 않고 잠시 머물다 가지 않으며 사는 날까지 함께 인생을 긍정적으로 살게 해 주는, 변하지 않는 큰 위로를 찾아내야 합니다. 그래서 당신 인생에서 두고두고 당신을 위로해 주는 에너지를 소유할 수 있어야 합니다.

방법은 이렇습니다.

당신 자신보다 당신의 인생을 무조건 사랑해 보십시오. 사랑해야 할 별 이유와 의미가 없는 부족한 상황이거나 멋진 성공의 위치에 서 있지 않다고 해도, 설령 그대가 빈안한 생활 속에서 허덕일지라도 오직 사랑해야 할 당위와 이유 앞에 서서 무조건 삶을 사랑해야 합니다.

사랑 중에 자기 인생을 사랑하는 일만큼 어려운 건 없습니다. 세상의 많은 실패와 오류와 상처는 자신의 인생을 사랑하지 않기 때문에 발생하는 일입니다. 삶을 사랑하는 마음은 모든 것을 사랑하는 마음을 갖게 합니다. 당신은 머지않아 좌절을 일삼던 부족한 조건에서도 희망을 건져내고 시련을 탐닉할 수 있는 위로와 용기를 얻을 수 있을 것입니다.

당신의 생을 사랑하는 한 당신의 마음속에서는 꺼지지 않는 위로의 등불이 켜져 있게 될 것입니다.

청춘이 왕이다

1판 1쇄 발행 2022년 5월 30일

지은이 이찬석

교정 윤혜원   편집 유별리
마케팅 박가영   총괄 신선미

펴낸곳 하움출판사   펴낸이 문현광

이메일 haum1000@naver.com   홈페이지 haum.kr
블로그 blog.naver.com/haum1007   인스타 @haum1007

ISBN 979-11-6440-029-4 (03190)